KUROGANE
Aufsteigender Drache

Mauer Verlag
Wilfried Kriese
72108 Rottenburg a/N
Buchgestaltung: Wilfried Kriese
Titelbild: Privat
2016
ISBN 978-3-86812-365-4

www.mauerverlag.de

Inhalt

Vorwort

Das Buch beschreibt die Handhabung von Weisheit, sowie deren Wirksamkeit im Alltag.

Ich verarbeite und arbeite für mich durch Schreiben, meine Erkenntnisse der letzten 2 Jahre intensiven Bemühens auf. In einer Abfolge von Absätzen schildere ich, in jedem Absatz für sich, das Zerlegen oder aufbauen von Denkmustern, Erkenntnissen, Weisheiten in Bezug zu speziellen Thematiken usw.
Ich führe interessante Ansichten an und versuche die als „Normal“ geltende Wirklichkeit, von einem anderen Licht zu beleuchten.

Zeitweise mag es schleppend vorangehen und manchmal wiederhole ich mich mit anderen Worten zu einer Geistig-Spirituellen-Thematik, dies dient der Verinnerlichung. Dies kommt vielleicht so manchen besonders in Kapitel 2 so vor. Je weiter man liest, desto tiefer werden jedoch die einhergehenden Erkenntnisse meinerseits. Man kann, sofern man will, auch zwischen den einzelnen Absätzen hin und her springen. Insbesondere in Kapitel 5, glaube ich viel vermitteln zu können. Gegen Ende des Buches, folgen meine tiefsten Einsichten.

Ich glaube es ist mir gelungen, manches ganz treffend zu schildern. Es gibt Menschen, die sind gar nicht angewiesen auf derartige Weisheiten, weil sie aus einer solch inneren tiefe heraus, mit Herz und Freude durch die Welt gehen, das sie nicht viel Nachdenken müssen. Doch auch sie können getäuscht werden, darum ist es doch ganz gut, so bin ich mir sicher, wenn sich auch solche lieben Menschen, mit einer wie hier umschriebenen Thematik befassen.

Es wird in diesem kleinen Buch, auf vieles ein intensives Licht geworfen und dies sehr komprimiert, darum lassen Sie sich doch bitte beim lesen Zeit. Danke, für die Beachtung dieses Buches..

Kapitel 1

Solange ein Vogel lebt, frisst er Ameisen. Stirbt er, fressen die Ameisen ihn. Die Zeit und die damit einhergehenden Umstände können jederzeit umschlagen. Sei in Deinem Leben niemals abwertend zu jemandem und verletze auch niemanden. Es mag sein das Du heute noch stark bist, aber die Zeit ist stärker als Du. Die starken können schwach und die schwachen stark werden.
Aus einem Baum kann man Millionen Streichhölzer herstellen - andererseits kann man mit einem Streichholz Millionen Bäume niederbrennen.
Seit gut zu eurem Umfeld.
- Autor unbekannt –

Die Welt geht den Bach runter

Hat es schon jemand bemerkt, mit der Welt geht es den Bach runter. Weil unser Ego immer größer wird, und uns unsere Begierden verschlingen. Wir wollen uns definieren, ausdrücken, wahrgenommen werden, „Sein“, und verschlingen dabei die ganze Welt, vergiften uns, und vergessen wer wir sind.
Ich will von diesem „Wir“ mal weggehen. Denn natürlich bin ich durch mein Umfeld geprägt, dass mir verschiedene Möglichkeiten an die Hand gab. Mir Eindrücke vermittelte, Vorstellungen einprägte, mich lehrte und mir vieles Zeigte, was ich so nie gesehen hätte. Doch hier, wo ich bin, fühle ich mich nicht mehr als ein Teil, eines „Wir“.
Die grobe Stumpfheit dieses „Seins“ hat auch mich befallen, und ich fühle diese Krankheit in meinem Herzen und meinem Geist. Doch bin ich nicht so Krank, wie die meisten hier.
Egal wen ich ansehe, ich verstehe den Menschen in seinem sein. Seine Motivationen, Erwartungen, wie er oder sie die Welt sehen, und in ihr teilhaben am Leben.
Ich sehe wie wir von Wölfen zu Hunden degenerieren. Ich erinnere mich gerade daran, dass unsere Zirbeldrüse immer weiter schrumpft.
Ich bin wieder mal an einen Punkt gelangt, wo ich die Veränderung spüre, und sehe wie ich wieder mal auf Irrwegen gewandelt bin. Vielleicht wandern wir nur von einem Irrweg in den nächsten, verlieren uns von einem Traum im nächsten.
Aber die Wände dieses Traumes, werde ich einreißen, und hinter das Blicken, was dahinter ist. Das werde ich immer und immer wieder tun, so lange bis ich all die ständig neu aufgezogenen Wände, alle vor mir fallen sehe.
Bis ich durch den Traum hindurch blicke, und sehe was dahinterliegt.

Verlorene Menschen

Die Geschichte der Menschen und das Erbe das sie uns vermachten, ist meistens nur das Überbleibsel der Verlorenen Menschen. Die Verlorenen sind jene, die sich in den Erscheinungen, im Sein der Gestalt, im Außen, im Oberflächlichen verloren haben. Der Mensch verlor sich so weit im Gestalten und Erschaffen, dass das Erschaffene anfing ihn zu beherrschen. Er fing an zu glauben, dass das Geschaffene Macht über ihn habe, und verlor sein Wesen als Gestalter. Geld, Wirtschaft, Staat, Status, Besitz usw. fingen an sein Selbst zu definieren, und bald war es, auch schon alles, dass ihn definierte. Das Geschaffene Umfing die Menschen, und ließ sie ihr wahres Selbst vergessen.
Unter ihnen gab es besonders leidvolle Gestalten, die die Kontrolle über die Gestalter des Geschaffenen erlangen wollten. Jene weitaus Niederträchtigeren redeten den Verlorenen Menschen eine künstliche Abhängigkeit zu allem Hervorgegangenen ein. Sie versuchten durch geschaffene Instrumente den Geist der Verlorenen noch weiter zu vernebeln, bis der Großteil von ihnen so Stumpfsinnig war, dass sie leicht zu kontrollieren waren. Hier sind wir, doch wo soll die Reise hingehen. Jene die Beherrschen und Kontrollieren wollen, werden Selbst vom Geschaffenen Umfangen, kennen weder sich selbst, noch irgendeine andere Tiefe des Seins. Nichts weiter als Verlorene Menschen, die versuchen Verlorene Menschen zu beherrschen, um wiederum aus dem Geschaffenen zu zehren.
Doch es gibt auch noch die Geschichte und das Erbe, der wahren Menschen, wie man diese beispielsweiße benennen könnte. Doch bei ihnen, in ihnen ist nicht der Reichtum des Geschaffenen, sondern des Seins.

Wenn wir irgendwann genug davon haben, flüchtigen Erscheinungen hinterher zu jagen, und Verstehen das der Wandel in allem Wohnt und nichts verschont.

Die Vergänglichkeit keine Bürde ist, sondern uns davor bewahrt im Starren zu verweilen.
Wir können uns noch so oft in der Welt verlieren, und dennoch können wir ihrer inhärenten Natur nicht entfliehen. Weil es unsere Natur ist.

Veränderung – Entfaltungsbewusstsein Entwicklung = Wandel

Solange nicht alle Wesen und jedes Leben in Frieden und Glück lebt, hat sich das Gesellschaftssystem und deren Ideologie zu verändern.
Die Zivilisation wird nicht besser durch Technologie oder Wohlstand, wenn diese Mangel und Leid, mit sich bringen. Es gibt keine Errungenschaft, wenn diese auf der einen Seite Freude schafft, auf der anderen Leid hinterlässt. Trügerisches, kurzweiliges Glück entsteht, wenn einer oder zwei oder drei usw. für sich Glücklich zu sein glauben. Aber sobald sie sich aus ihrer „Blase" begeben und wahrnehmen, wie rundherum um sie Leid herrscht, werden sie spüren, das es auch ihres ist. Den Wo Leid ist, ist Gewalt und wo Gewalt ist, ist Verblendung, und es kann der Frömmste nicht in Frieden leben, wenn es dem Nachbarn nicht gefällt. Gewalt ist der physisch, weltliche Weg, Verblendung auszuleben. (Abgesehen von Verteidigung durch Gewalt, um eine andere Gewalt zu stoppen.)
Wenn ein Teil krank ist, spürt es der Organismus, man kann ihn nicht einfach abschneiden, und so tun, als ob da nie etwas gewesen wäre. Das Abschneiden oder Abspalten, bezieht sich immer auf das Fehlen vom Ganzen. Und wenn etwas Fehlt, erzeugt es Verlust, und Verlust schafft Frust.
Trennung ist eine Illusion! Es gibt nur eine Erde, nur eine Menschheit.
Sicher kann man sagen, was kümmert mich ein „Idiot" oder „Arschloch". Aber warum sind sie zu „Idioten" und „Arschlöchern" geworden, weil sie der Verblendung durch Unwissenheit anheimgefallen sind. Und warum passiert so etwas?
Weil Unwissenheit vorhanden ist. Und dabei beziehe ich mich nicht auf Gebilde aus Meinungen und Perspektiven. Denn solange ich nur eine Perspektive verträte, bin ich wie eine Partei, die nicht das wohl des Ganzen im Sinne hat. Wahrhaftige Weisheit, hat das Wohl

aller im Sinn, und bezieht sich in diesem Zusammenhang, auf die bestmöglichen Lösung, mit einer Situation fertig zu werden.
Das Ganze macht heil. Wir kommen alle, aus derselben Quelle.

Vom Fall des feinstofflichen Menschen

Einst da waren wir Lichtwesen den Engeln gleich, doch fielen wir. Unsere Substanz war die der Gefühle, der Gedanken und unser Wille im Einklang mit Gott. Was wir dachten geschah, was wir fühlten war offenkundig und verschmolz mit unserem Umfeld. Es lag keine Bosheit, keine Begierde, kein Verlangen in unserem Sein, darum ging auch keine Gefahr von der uneingeschränkten Entfaltung unseres Wesens aus.
Doch wie die Geschichte von Adam und Eva zeigt, wuchs irgendwann die Begierde in uns heran, und so wurde nach dem Apfel gegriffen und davon abgebissen. Wir fielen, sanken langsam immer tiefer in die grobstoffliche Materie des Physischen ab. Denn wer erfahren will, was Begierde hervorbringt, was Verlangen entfacht, soll die Auswirkung davon verspüren, am physischen Leib. Denn alles was man nimmt, fehlt wo anders. Was dir gefällt, gefällt auch anderen. Die Erfahrung brachte das Leid, und das Leid lehrte uns über das Leben, es lehrte uns Mitgefühl.
Zu Anfang von Lemuria und Atlantis waren die Emporkömmlinge aus Gott noch in feinstoffliche Materie gebetet, doch zu Ende dessen Zeitalter war dem wohl nicht mehr so.
(Als die Menschen begannen Fleisch zu essen, fielen sie noch tiefer.)

Die Erde ist wirklich der Garten Eden. All das was jetzt ist, ging aus dem Sehnen, den Träumen der Menschen hervor. Die Begierde der Menschen formte diese Welt, zu dem was sie jetzt ist.
Denn zuerst kommt der Gedanke, das Gefühl, der Wille, das Verlangen, das danach greifen, das Erschaffen in der Materie.
Der Schatten in den Herzen der Menschen ist für all das Leid in diesem Paradies verantwortlich.
Doch die Erde ist nicht der Schatten.

Dieser Planet ist jetzt, wo wir ins Fleisch gefahren sind, unser Paradies.
Wenn die Welt nicht nur ein Schatten ist, sondern der Schatten aus dem Licht hervorgeht,
und der Kern des Ganzen eigentlich Licht ist.
So wie ich Selbst Licht bin, und im Licht Gott wohnt.

Täume

Freiheit kann loslassen bedeuten. Frei von seinen Begierden unterliegt der Mensch keinen inneren Zwängen mehr. Doch Träumt der Mensch von Sehnsüchten, die ihm in der äußeren Welt fehlen. Kann er die Sehnsüchte in seinen Träumen doch nicht umfangen, fassen, ergreifen, so leidet er. Lebt ein Mensch seine Träume, lebt er seine Sehnsucht. Erlangt er jene Sehnsucht ist er glücklich, geht sie ihm abhanden ist er unglücklich. Was dir gefällt, gefällt auch anderen. Träumt der Mensch im Geist, gestaltet er doch auch damit die Welt. Doch dringt der Traum in die Welt unterliegt er der Vergänglichkeit des Irdischen-Seins. Jede Sehnsucht wird sich irgendwann erschöpfen. Erlangt der Mensch jedoch tiefste Weisheit im Herzen und im Geiste, und erträumt sich dann die Welt, werden seine Träume und die daraus resultierende Welt, ohne leid sein, weil sein Wesen ohne Niedertracht ist. Erlangen alle Menschen tiefste Weisheit, erträumen sie gemeinsam eine Welt, in der kein unnötiges Leid mehr geschürt wird. Als Individuum ist man schon frei in seinen Gedanken. Doch werden im morphogenetischen Feld der Erde, die kollektiven Gedanken aller Wesen gespeichert, und solange sich jene Wünsche der Menschen überschneiden, weil der eine will, was der andere hat, wird es keinen Frieden geben, und keine gänzliche Freiheit in der materiellen Welt. Auf einer Insel allein in der materiellen Welt beispielsweiße, könnte es abgeschottet von allen anderen Individuen gelingen, fraglich ist nur ob so die Träume des einsamen Menschen auf der Insel, Befriedigung finden würden.

GLÜCK durch HARMONIE

Der Mensch will Glücklich sein.
Sein Glück ist abhängig von der Harmonie in seinem Leben.
Ein harmonisches Leben kann auf viele Arten stattfinden,
es kommt auf das Spektrum der Schwingung an, in dem diese Art zu leben stattfindet,
und darauf ob man immer wieder Resonanzpunkte in seinem Umfeld findet,
durch die ein Energieaustausch und eine Auffrischung der Eigenen Schwingung möglich ist.
Weil der Mensch sich in seiner Existenz austauschen, definieren, wahrgenommen werden will.
Das kann er aber nur, wenn er in seiner eigenen Grundessenz (Wesensnatur, Schingungsspektum) einen Weltlichen Halt, Antrieb, Motivation, Austausch hat.
Dass kann in jeglicher Form sein, beispielsweiße in Gleichgesinnten, oder einer speziellen Örtlichkeit.
Der Mensch kann sich bis zu einem gewissen Punkt verbiegen, aber er kann seiner innersten Wesensnatur nicht entfliehen und er kann sich nicht ewig selbst täuschen.
Er muss zwangsläufig Wege finden, seine Energie im materiellen Kosmos zu leben, ansonsten wird er krank, schwach oder Ähnliches.
Schwingt ein Mensch in einem relativ niedrigen Schwingungsspektum reagiert er beispielsweiße sehr stark auf Werbung, geht zum Macdonalds, Trinkt, verrichtet gerne Grobstoffliches usw.
Schwingt ein Mensch relativ hoch kann es geschehen, dass ihn sein Umfeld runterzieht, beziehungsweiße das er mit dem westlichen Lebensstyl nicht mehr gut klarkommt, usw.

Der Abdruck in der Materie

Die äußere Form bildet sich immer nur als ein Abdruck der inneren Zustände. Jegliche weltliche Struktur ist immer nur das Abbild, der inneren Information(Geistes). Das außen repräsentiert nur das Innere. Es tritt in allen weltlichen Erscheinungsformen, ob im Menschen, Landwirtschaft, Technologie, in der Landschaft, im Tier, im Berg, im Wasser immer nur die inneren Eigenschaften hervor. Die Eigenschaften von Schöpferischen wirken, sind Informationen, Gedankengebilde, Gefühle. Alles Wahrnehmbare setzt sich aus Energie zusammen.
Im Gesicht und der Gestalt eines Menschen kann man ablesen wer er ist. Über längere Zeit, wird der Lebensstyl eines Menschen im Fleisch sichtbar.
Jegliche Technologie fand durch ein Gedankenkonstrukt im Geist, angewandt auf die Welt, erst ihren Anfang.
Wirtschaft und Politik ist auch nur so wie sie ist, weil es geistige Triebkräfte dahinter gibt, wie beispielsweise die Gier.
Handelt jeder aus Weisheit, Rechtschaffenheit, Mitgefühl, Tugend würde die Welt sicher nicht so aussehen, wie sie jetzt ist.
Abgesehen davon, entsteht nichts ohne Information. Keine Leiche lebt ohne Bewusstsein(Seele). Kein Gehirn arbeitet ohne Bewusstsein. Die Gedanken und Gefühle die aus der Leere des Bewusstseins hervorgehen, sind der Anfang von Struktur und Form.
Wenn die Seele in keine physische Form gebetet ist, verschwindet sie nicht einfach. Sie bewegt sich durch feinstofflichere Gefilde, in einer anderen Form der Existenz.
Eine nicht materiell gebundene Seele, aus feinstofflichem Aufbau, derselben Materie wie Gedanken und Gefühle, projiziert jene direkt auf das Sein.
Der Sinn der Materiellen Existenz in einem Körper, besteht ja auch teilweise darin, dass wir nicht sofort in Wechselwirkung mit unseren geschaffenen Gedanken und Gefühle kommen. Die Materie

dient uns als „abgedämpfter Puffer", weil, würde jeder unserer Gedanken Augenblicklich Realität werden, hätten wir wohl ziemliche Probleme mit dem was wir hervorbringen.
Ein Mensch wird im Leben zur Selbstkenntnis geführt. Seine Ängste kommen hoch, seine Begierden treten hervor, weil er lernen soll damit umzugehen. Umso mehr Verstehen, Mitgefühl und Weisheit er erlangt, umso weniger wird der Mensch eine Gefahr für sein Umfeld.
Aber jeder würde sich ohne diesen „abgedämpfter Puffer, die materielle Grauzone" permanent Selbst schaden, wie auch seinem Umfeld Leid zu fügen. Irgendwann wenn er genug gelernt und verstanden hat, um in der feinstofflichen Materie zu bestehen, geht er dort hin.

Entwicklung – Verwirklichung – Wirklich-keit

Jeder Mensch Entwickelt sich, weil dieser dem Wandel unterworfen ist. Und in dieser „Entwickelung“ kommt immer das zum Vorschein, das aus dem innen mit dem außen in der Resonanz, zur Verwirklichung sich trifft. Denn für einen Wirklich, wird dann etwas, wenn es dem eigenen Bedürfnis von Wirklichkeit entspricht. Dann geben wir demjenigen Sinn und Bedeutung, somit willentliche Aufmerksamkeit. Soweit der Mensch eine Wahl hat, wählt dieser seine Vorstellung von Wirklichkeit.
Es ist das Glück nachdem der Mensch strebt. Ist sein streben darin wahrhaftig und rein, sucht es liebe. Ist sein inneres verwirrt, ist es bloße Begierde. Und beides vermischt sich, weil der Mensch ja nicht in allen seinen Aspekten gänzlich Entwickelt ist.
In dieser „Entwicklung – Entwickelung“ begegnen wir uns selbst. Und in der uns voraus gegangenen Welt, schließen wir in dem bislang verwirklichten auf, und begegnen uns darin, in unserer eigenen Vorstellung von Wirklichkeit auch in Kontroverse zu dem was ist, wobei Widerstände entstehen. Und so will ich Verstehen woher diese kommen, und warum diese sind.
Doch ist der Widerstand nur etwas das man erkennt und umgeht, um an sein Ziel – sein Streben nach Glück zu gelangen. Wenn natürlich den „Vorangegangenen“ gelungen ist, die Möglichkeiten der Verwirklichung zu begrenzen, durch z.B. etablierte Strukturen, denen viele ihren Glauben und ihre Zuversicht schenken, wird das „Maß - die Feste“ der Wirklichkeit starr darin.
Doch da sich der Mensch auf seiner Reise entwirrt, im Erkennen und Verstehen seiner Entwickelung, verändert dieser sich und sein Streben. Und weil alles was diesem begegnet, ein Gefühlsmäßiges Erlebnis ist, wird dieser irgendwann, einfach nur noch nachdem streben, was in Liebe ist. Genau darum, liegt in der Wahrheit Friede.

… Die Menschen legitimieren mit ihrem Verhalten, die Wirklichkeit die wir kollektiv Respektiert vorfinden.
Esse ich z.B. Fleisch aus Massentierhaltung, legitimiere ich damit diese ausgeprägte Art mit Tieren umzugehen. Im Konsumverhalten kann niemand seine Verantwortung abgeben. (oder z.B. Nestle usw.)
… mit jedem Verhalten, das ich an den Tag lege, und jedem Gedanken und jeder Emotion auf die mein Handeln gründet, erschaffe ich die Wirklichkeit, die ich in Abfolge vorfinde.
… nur weil vieles hier nicht meinen Erwartungen entspricht, weil es einfach Niederträchtig ist, muss ich mich noch lange nicht danach beugen.
… es kann keine Entschuldigung für die eigene Niedertracht geben, denn sie ist mit Absicht gewählt und auch wenn sich andere ihrer Bedienen, muss dies noch lange nicht mein Schicksal sein.

Wir sind nicht nur Verantwortlich für das was wir tun, sondern auch für das was wir nicht tun. Manchmal ist es Weiser weniger zu tun, und dafür manches nicht zu tun. Die Menschen brauchen eigentlich, damit sich die Welt zum „Guten“ wendet, gar nicht viel zu tun, sie sollten nur lernen, von was sie die Finger zu lassen haben.

Zitat von Friedrich Schiller: „Seit Aristoteles wissen wir, was Demokratie ist. Und doch ist die Menschheit barbarisch geblieben. So werden sich die Menschen erst ändern, wenn sie ihren Verstand durch ihr Herz ausdeuten.“

„Wir haben als Menschen die Chance, uns zu entscheiden, eine Wahl zu treffen. Wir können uns der Macht und der Autorität beugen, oder wir können lernen, können aufstehen und das schmutzige Spiel in uns und um uns herum beenden. Wir können wählen, denen da oben zu glauben, uns zurücklehnen uns so zu tun, als ob

uns das alles nichts anginge; oder wir können uns selbstständig Antworten auf unbequeme Fragen suchen. Wir können uns Illusionen hingeben, uns in Drogen, Alkohol, Gartenfeste und Freibierorgien, Werbe- und Videowelten, den Rotlichtbezirk, religiöse Sekten, esoterische Fantasien oder den Konsumrausch flüchten. Doch all dies wird uns nicht nütze, denn die Evolution, die Technologie, das Leben um uns herum, das Großkapital, die Militärs und die Großindustrie sind real existierende Dringlichkeiten. Wir können alles ignorieren, so tun, als ob wir uns gerne hätten, einander lieben. Wir können uns einreden, wir wären frei, wir können den anderen ein Schauspiel, eine Maske vorspielen, unsere Ängste, Sorgen, Nöte, Träume, Wünsche und Hoffnungen verschweigen. All dies wird uns, als Menschheit, nichts nützen. Was in diesem Spiel auf dem Spiel steht? JEDER VON UNS SELBST ALS MENSCH.“
Zitat aus B. Free § Dr. Hynaar: HAARP MINDCONTROL und Wissenschaftlicher Irrsinn.

Wer nicht schon zu Lebzeiten den Versuch gemacht hat, selbst inakzeptablen Situationen noch eine positive Seite abzugewinnen und Konflikte zu entschärfen, wird mit der Abarbeitung der Reststörungen Schwierigkeiten haben. Es gehört daher zu einer wohlverstandenen Psychohygiene, eine möglichst konfliktfreie Sicht der Welt zu gewinnen und Unzuträglichkeiten sozialer und politischer Art tatkräftig entgegenzuwirken, um das Leben harmonisch zu gestalten.
(Auszug aus Der Verratene Himmel Rückkehr nach Eden von Dieter Broers)

Geld - Begierde

Seit wann wird Forschung (und Forschungsergebnisse) in eine unliebsame Richtung von seitens der Regierung eigentlich ignoriert. Seit wann ist es eigentlich so, dass veraltete Technologien mit denen viel Geld gemacht wird, fortschrittlicheren Technologischen Erkenntnisse vorgezogen werden. Seit wann steht eigentlich krankmachende Medizin die den Geldfluss fördert, vor gesundmachenden Heilungswegen. Seit wann beschäftigt sich unsere Politik nicht mehr mit dem was gut für Mensch und das Leben ist, sondern nur mehr mit dem was gut für Industrie und Konzerne ist. Seit wann steht Wirtschaft, über jeglicher Ethik. Seit sich die Begierde, die sich über das Geld eingeschlichen hat, die Menschen vergiftet hat. Seit wann verfiel der Mensch überhaupt in den Glauben, das einem die absichtsvolle Zerstörung seines Gleichen und des Planeten glücklich macht. Seit es etwas gibt, dass alles bei einem bestimmten Wert bemisst. Seit der Mensch Geld vor allem anderen vorgezogen hat, geht die Welt den Bach runter. Weil Geld nichts Anderes als Begierde ist, hat den Menschen wohl seine Begierde verschlungen. Was übrig bleibt ist kein Mensch mehr, nur mehr ein Schatten, der alles in Dunkelheit hüllt, was in seinen Fall eintaucht.

Wirtschaft u. Leben

Das Leben selbst, sollte immer im Vordergrund stehen.
Das Streben nach Glück, in Form des Kapitalismus ist „Kindergartenniveau."
Das ganze System ist „Kindergartenniveau."
Die ganze Politik und die lenkenden Herrschenden dahinter, sind Psychologisch und Selbsterkenntnismäßig auf „Kindergartenniveau."
Irgendwie taktische Ränke (Vorhaben, Pläne) zu schmieden, die Leid verursachen und nur dem eigenen Bestreben nach Gewinn und somit der Selbstbereicherung dienen, das ist auch wenn es noch so durchdacht stattfindet, dennoch kein Zeichen von Intelligenz, sondern ein Geistig – Emotionales Armutszeugnis.
Ob dies ein Konzern, ein Bergbauunternehmen, Atomenergielobby, Pharmaindustrie, Monsanto, das Militär, das Großkapital, Landespolitische Bestrebungen oder in Form von Chemtrails, Haarp geschieht, oder sonst wie, solange Geld vor Leid steht, ist es einfach dumm.
Ebenso sollte Fortschritt und Wissenschaft, immer unter dem Aspekt das Leben zu fördern, praktiziert werden.

Wenn ich in ehrenhafter, rechtschaffener Gesinnung für das Leben, im wohlwollen kein Leid absichtsvoll zu schüren, mein eigenes Leben lebe. Ist mir Bewusst, das keine spirituelle Energie verloren gehen kann, sondern das sich diese nur Wandelt, und in etwas hineinfließt, wodurch nur „Gutes" entstehen kann.
Ob diese Energie nun in Lebenszeit, Mühsal oder erlangtem Geld investiert wird, solange das Denken und Fühlen dahinter, ein wohlwollendes ist, kann damit nur etwas Aufgebaut werden, wovon etwas gedeiht und in eine Früchtebringende Form erblüht.
Weil mir klar ist, dass jedes Leid auf der Welt, auch mein Leid ist,

sowie jedes Wesen in seinen innersten tiefsten Aspekten, auch so ist wie ich.

Wenn man natürlich Kapital und Geld über das entstehende Leid stellt. Ist plötzlich die Ethische Werteverlagerung eine andere. Wenn ich Wert in Form von Geld bemesse, als das zu erlangende, höchste Gut. Dann können das wirklich „Gute“ und wahre Werte nur hintenanstehen.
Geld bemisst Lebenszeit, geschürtes Leid, aufgebrachtes Mühsal, individuell erbrachte Opfer, und wer Kapital in großem Maße veruntreut, der vernichtet damit Leben und zerstört damit, Planet, Pflanzen, Tiere und Menschen.
Wenn das Großkapital, Konzern, Banken, Politiker usw.… ihre Niederträchtigen Begierden über das Leben stellen, und somit aus geschürtem Leid, Kapitalen gewinn schlagen, ist dies genau das Denken und Fühlen, was dafür verantwortlich ist, dass hier alles den Bach runtergeht.

Wohlstand

Wir haben unsere Vorstellungen von Glück in alles Mögliche hineingetrieben. Abhängigkeiten zu Geld, Besitz, Bedürfnissen usw. geschaffen.
Ich glaube das „Weltliche Beziehungen“ das wichtigste darstellen. Der Kontakt aus dem Herzen mit Menschen, der Natur, usw. zu allem was ist.
Für mich ist die größte Freude die, wenn ein Mensch den ich gerne habe, mich anerkennt und auch mir wohlgesonnen ist. Wenn sich jemand freut, den ich mag, freue ich mich umso mehr darüber.

Verantwortung - BIO

Der Mensch oder die Menschheit, das sind nicht wir. Ich betrachte mich schon einige Zeit, einfach als Gast auf diesem Planeten. Ich habe Bio-Waschmittel bis Allzweckreiniger in wiederverwendbaren Flaschen. Kaufe Grundsätzlich nur mehr Bio, auch wenn es dieses Bio eigentlich, aufgrund der großangelegten Verseuchung durch die Menschen, gar nicht mehr gibt. All das Übel in der Welt, hat schon seit einiger Zeit nichts mehr, mit meinem Karma zu tun. Genau so wenig, sehe ich mich im Kollektiv mit dem Närrischen Haufen der hier wütet. Wenn wir jeder für uns selbst, unser Leben verändern und anpassen, angesichts dessen, was vom Stand unserer Erkenntnisse, als Angebrachtes Menschliches Verhalten gilt, wird uns der Wahnsinn der „Anderen" nicht mehr betreffen. Wir können ihnen für ihre Dummheit, schließlich nicht allen, die Köpfe abreißen. (p.s. obwohl mir manchmal danach wäre.)

Die Krankheit, des auf die physische Realität übergreifenden, Geistig-Emotionalen Wahnsinns

Wir blicken auf die Welt und auf die kollektive Menschheit. Das Eingreifen der Menschen veränderte den Planeten, weil die Menschen sich entwickelten, formten sie dabei auch ihre Umgebung um.
Die „kollektive Denk und Gefühlsstruktur“ – die Geistig und Emotionale Entwicklung des Großteiles der Menschen, verursachten alles was wir an Leid und Problemen in dieser äußeren materiellen Realität vorfinden.
Doch auch all das kreative, schöne, inspirierende, alle Weisheit, alles so Bild und Klang Gewaltige, entstand infolge, der inneren Kräfte(Vorstellungskraft) die aus dem Menschen, in die Welt gebracht wurde.
Da sich jedoch, eine größere Gruppe der Menschen der Triebkraft Gier verschrieben hat, und es schaffte den Großteil der Menschheit diese Gier schmackhaft zu machen, sie jedoch für ihre eigene Gier nur benutzte, werden im Glauben an die Gier und an die Objekte der Begierde, sich die Menschen und die Welt danach verändern.
Weil die Gier immer nur nimmt, und wie ein Sog des Verlangens verschlingt was in seinen Rachen gelangt, werden die Menschen und damit der Planet den sie bevölkern, in dessen Sog geraten.
Es werden Menschen aus dem verblendeten Kollektiv(Haufen) hervorgehen, die ihre Geistig - Emotionale Intelligenz jedoch so weit entdeckt, verstanden, und entwickelt haben, dass sie sich nicht mehr beheimatet fühlen, in dem größeren Kollektiv die vergessen haben, das sie sich und die Welt durch weitaus tiefere Herzens und Geistes Qualitäten gestalten könnten.
Aufgrund von Manipulation und Kontrolle auf die Wahrnehmung und somit auf das Gefühlsleben, das Ausrichten von „Begierde-Mustern“ in den Menschen, dass hervorrufen von „Glaubensvorstellungen die als Absolut verkauft werden.“

Wird eine Sichtweise projiziert, „eine Einbildung in der Vorstellungskraft des Menschen", und eine festgefahrene Realität verkauft.

Jene Weißeren unter den vielen ihresgleichen, erkennen ihr Potenzial und das Potenzial dessen, wie die Welt gestaltet werden könnte, damit Glück für alle entsteht, und Leid maximal verringert wird.

Dennoch sind sie im Rahmen ihrer noch engstirnigen Mitmenschen daran gehindert, oftmals mitanzusehen, wie völlig Irrsinnig Leid geschürt wird, nur weil die Menschen nicht verstehen.

So wenden sie sich ab von jenen. Ziehen sich zurück unter ihresgleichen, und folgen den Wegen zur Harmonie für alle Wesen.

Auch wenn ihr Wirken für die Verblendeten nicht spürbar ist, erleben die „Erwachten" in allen Materie Schichten (feinstofflich und physisch), was das Herz und der Geist an Harmonie und Glück hervorbringen mag.

Ihr Leid ist weitaus weniger als das der Verblendeten, letztere verstehen die Erwachten nicht, bis zu dem Zeitpunkt da sie selbst Aufwachen.

Bedauerlich ist nur, dass die vom Wahnsinn befallenen, das Leid für alle unnötig ausdehnen in dieser Welt.

Ein neuer Morgen

Es ist töricht, irgendeinen weltlichen Zustand als unveränderbar anzusehen.
Alles ist im Wandel, selbst ein Narr kann zum Weißen werden.
Selbst für Jemand der niemals Glück verspürte, kann es einst ein glückliches Leben geben.
Eine nie enden wollende Krankheit, kann plötzlich genesen.
So wie der Wind sich dreht, oder das Wetter manchmal umschlägt, so können sich im Leben, neue Wege eröffnen.
Das kann in beide Richtungen geschehen, ob angenehm oder unangenehm.
Doch glaubt niemals, es ist wie es ist, für immer.
Seht stets die Möglichkeiten, eines neuen Morgens.

Wissen schadet nur dem, der es nicht hat.

Wenn ein jemand einen außergewöhnlichen für andere schwer nachvollziehbaren Sachverhalt anführt (darlegt); wie z.B. bei mir, wenn ich sage: „Ich mache Lichtnahrung.“
Ohne eine Erläuterung oder Begründung zu liefern, warum ihm oder ihr dies Vernünftig erscheint,
bleiben dem ahnungslosen Zuhörer der kein Verständnis davon besitzt, zwei Optionen darüber nachzudenken:
Entweder geht er oder sie von naiven Perspektiven seines Gegenübers aus,
oder von eigenen naiver Perspektiven und Unwissenheit, zum betreffenden Sachverhalt.

Das Leben in dieser Dimension, ist ein Abdruck von feinstofflichen Kräften:

Wir können fleißig sein, und uns in alles Mögliche hineinsteigern.
Wir können an alles glauben und uns von allem leiten lassen.
Wir können jegliche Vorstellung ausprägen und leben.
Wir können uns Bemühen, doch wiederspiegelt sich in jedem Ausdruck (Abdruck), Licht und Schatten von dem der ihn hervorgebracht hat.
Entscheiden wir uns, auf eine bestimmte Art und Weise, etwas zu tun, so wird dies folgen haben, Inder sich die Essenz des Geistes und der Emotion offenbart.
Jegliche Motivation oder Begehren wird sich auf die eine, und auf die andere Art zeigen.
Die weiße wie wir denken und fühlen, wird sich auf unsere Gestalt niederschlagen.
Erlangen wir Wissen und Weisheit, gestattet uns das tiefe in unserem denken.
Erlangen wir Einfühlungsvermögen (Mitgefühl) und Verständnis von Liebe, gestattet uns das tiefe in unserem fühlen.
Erlangen wir dadurch neue Vorstellungen, und neue Anreize unser Sein auszuprägen.
So wird die Wechselwirkung (Karma) eine andere sein als zuvor.
So wird sich unser Glücksgefühl verändern, und aufgrund der Essenz der Reinheit, tiefer werden.
In allem finden sich Essenzen verschiedener Qualitäten.
Doch dringt man zur Reinheit der Qualität durch, ist das empfinden und verstehen umso stärker.
Dazu müssen wir hinter die Erscheinungen blicken, und sehen aus „was" diese entstanden sind.
Ablassen von jenen, die aus viel Leid entstanden sind, und jene fördern, die Weisheit und Liebe wiederspiegeln.
Tun wir dies in den Kleinigkeiten des Alltags, immer mehr, Tag

für Tag, so wird das weichen von dieser Welt, was Leid ausstrahlt (wiedergibt).
Auf diesem Pfad werden wir, früher oder später, die Einheit hinter allem erkennen.

Warum ist der Mensch?

Er will sich und andere erleben (Erfahren, Wahrnähmen, Sein), den nur so kann er Gott erleben, weil wir alle ein Teil von diesem sind. Er will sich definieren(Ausdrücken) und gesehen werden (durch Andere wahrgenommen werden). Liebe geben und empfangen. (höchster Ausdruck des Göttlichen)

„Normal“

Wir glauben ständig unser Leben sei: „Normal“
So wie wir denken, sehen, gehen, atmen, essen glauben wir ständig es sei natürlich, diese Dinge auf diese Eigene weiße zu tun. Wir glauben wir sind normal, und das die Welt die uns umgibt, das auch ist. Wie ein jemand sein Leben auch immer zu leben pflegt, glaubt ein jeder für sich doch, es sei so natürlich und rechtens. Der Umgang mit sich selbst, sowie der Umgang mit seinem Umfeld bestimmt die eigene Realität.
Sicher haben wir nicht, ein Jeder für sich an den jetzigen Gesetzen mitgeschrieben, und dennoch halten wir uns danach. Hier in diesem Gesellschaftlichem Miteinander wurde uns gelehrt, zu essen, zu arbeiten, zu konsumieren sich etwas Materielles Aufzubauen.
Ist es natürlich das Schweine zusammengepfercht in Käfigen aufwachsen, mit Mastfutter gefüttert werden, für das gentechnisch verändertes Soja verwendet wird, für dessen Anbau der Regenwald abgeholzt wird. Ist es überhaupt natürlich solches Fleisch zu essen. Ist es natürlich das wir uns eine Pizza holen, eine Leberkäs Semmel, einen Kebab, oder einen Burger bei MacDonalds essen. Wer sind die Rinder und Schweine die wir zu Teilen verspeisen, die für uns Gesichtslos und Gestaltlos zerstückelt auf unseren Tellern liegen.

Fleisch essen

Für mich stellt wahre Weisheit die Wahrheit dar, z.B. erachte ich es als weiße in diesen Zeiten kein Fleisch mehr zu essen. Das ist eine Wahrheit, so finde ich. Dies erläutert sich wie folgt:

Es wird oftmals Behauptet es sei nur natürlich Fleisch zu essen, das ist in der Natur nun mal so. Doch in der Natur ist es auch gang und gäbe das einer den anderen mit einem Prügel erschlägt, man sich gegenseitig bestiehlt und bekämpft, den das bedeutet überleben. Mit der Zeit bilden sich Gesellschaftliche Strukturen und zusammenhalte um weniger Leid zu schüren. In diesen bilden sich „Verhaltenskodexe" in Form von Gesetzen heraus, die der Gesellschaftlichen Struktur ihr Fundament geben. Den keiner Leidet gerne, und wer Leid säht wird es ernten. Diese Gesetze wiederspiegeln den Zeitgeist. Der die Gesellschaftlich anerkannte Weisheit (anerkannte Erkenntnisse des Großteiles der Gesellschaft) repräsentiert. Hier erheben wir uns schon über unsere eigene Natur.
Entwickelt sich eine Gesellschaft über Jahrtausende hinweg, ohne sich selbst zu zerstören, ist es unabdingbar das eine solche kein Fleisch mehr konsumiert. (auf die Erde bezogen) Denn Viehwirtschaft ist die unproduktivste Landwirtschaft überhaupt. Diese kann nur unter Tier unwürdigen Bedingungen erfolgen bei einer großen Anzahl der Erdbevölkerung.
Zumal im Fleisch das gegessen wird, all der Stress und das Leid der Tiere gespeichert ist, gibt es auch noch verschiedenste Substanzen die sich beim Verzehren von Fleisch in unseren Organen ablagern.
In früherer Zeit brachte beispielsweiße ein Schwein(Fleisch) eine Familie über den Winter. Doch in einer technologisch fortgeschrittenen Zeit in der man Gewächshäuser besitzt ist dies nicht mehr nötig.
Entwickelt sich die Ethik einer Gesellschaft weiter, dann mit ihr die

Gesetze einer solchen und so wird es einst Gesetze geben die den Konsum von Fleisch und das Töten von Tieren verbieten. Vorausgesetzt die Menschheit wird sich nicht vorher selbst zu Grunde richten.
Die Grundlage einer gesunden Ernährung kann Fleisch nicht bieten.
Warum etwas Töten das ist wie man selbst. Die Tiere fühlen alles was auch wir fühlen. Sie haben ein Gesicht und was ein Gesicht hat soll man nicht essen. Wir bekommen alle Nährstoffe die wir zum Leben brauchen, indem wir die Gaben der Pflanzen essen. Die Erde (Gaia) ist in ihrem Sein selbstlos. Aus ihrem Boden wachsen die verschiedensten Pflanzen und versorgen uns mit Früchten, Gemüse, Nüsse, Kräuter, ...
Wenn man die Wahl hat ein Tier zu töten, aufzuschneiden, auszunähmen und zu essen oder die Gaben die aus dem Boden wachsen zu verzehren, welche Entscheidung trifft man dann?

Ebenso glauben wir es sei in Ordnung, anderen gegenüber Respektlos zu sein. Beziehungsweise begegnen wir uns selbst oftmals nicht mit der nötigen Achtung. Wenn wir uns Vorwürfe machen oder uns herabsetzen, weil wir etwas nicht so schnell oder gut hinbekommen haben, wie wir es immer gerne hätten. Wenn ein Kind die von einem Erwachsenen gestellte Aufgabe, nicht sofort lösen kann, brüllt der Erwachsene das Kind auch nicht an, schlägt ihm auf die Finger, oder versetzt es unter Stress, und deutet dem Kind an schneller zu machen. Nein, der Erwachsene wird dem Kind gut zureden, es ermutigen die Aufgabe langsamer anzugehen, und es nochmal zu versuchen. Warum tun wir das nicht auch bei uns selbst. Wir sind alle nur Kinder, die geboren wurden in dieser Welt, und das Spiel des Lebens spielen. Einem Jeden begegnet Liebe und Leid, und wir alle machen Erfahrungen. Es können schmerzliche Erfahrungen sein, die uns dazu veranlassen, unser Herz zu verschließen. Wir geben unsere Offenheit auf, und formen Überzeugungen aus der gemachten Erfahrung, durch die wir fortan das Leben sehen. So kann es geschehen, dass man sich in verschiedenen Situationen von seinem Umfeld distanziert, und alles nur, weil man irgendwann verletzt wurde. Gibt man den sich neu anbahnenden Situationen nicht einmal mehr die Chance, auf eine offene Begegnung damit. Irgendwann wird dieses Verhalten zur Gewohnheit, und wir halten es für: „Normal“.

Die Dinge nähmen ihren Lauf.

Die vom Schicksal gespannten Notwendigkeiten, verfließen im Alltag unseres Lebens zu einem unvermeidlichen Ganzen. Verwoben im Netzwerk der Zeit, ergeben eingetretene Begebenheiten plötzlich einen Sinn, den Sinn den wir Bestimmung nennen.
Der Versuch dieser Bestimmung zu entfliehen, brächte nur Leid hervor, wobei es undenkbar erscheint, ihr ganz und gar zu entgehen. Es gelänge einem lediglich dergleichen zu verzögern. Doch welchen nützen hätte ein solches Unterfangen schon, wo wir der Konfrontation doch schutzlos ausgeliefert sind.
Ein ungetrübtes Glücklichsein, kann nur im gleich klang mit dem folgen seiner Eigenen Bestimmung einhergehen. Haltet euch an diese Wahrheit!
Das Erlangen der Erkenntnis, bezüglich des Wissens um seine Bestimmung, bedeutet dem Tod seiner Selbst auf die Schliche zu kommen. Was verlangt der Tod von mir, um friedlich Schlafen zu können? Was ist das was wir Bestimmung nennen?
Der Tod ist weder gut noch schlecht weder schwarz noch weiß, sondern einfach natürlich wie jeder einzelne Atemzug unsere Lunge mit Luft erfüllt.
Der Tod bedeutet den Anfang einer neuen Daseinsform, sowie das Ende des bisher genannten Lebens. Das Ende des besagten Lebens heißt, das Ende der für dieses Leben individuell gestalteten Bestimmung, worauf wir durch das ergründen des Eigenen Todes unsere Bestimmung erkennen. Insofern verlangt das Leben von uns, den Tod anzuerkennen, und ihn somit zu verstehen.
Vergegenwärtigt euch jeden Moment eures Lebens, den Gedanken: Und wenn es das Letzte ist was ich tue! Der unausweichliche Tod, wird somit zu eurem ständigen Begleiter. So wird jede eurer Bemühungen von Erfolg gekrönt sein. Der Tod ist es erst, der Rechtschaffenheit im alltäglichen Leben lehrt. Steht man dem Sterben von Angesicht zu Angesicht gegenüber, wird das Herz

fromm. Dies geschieht nicht unbedingt aus Ehrfurcht, als vielmehr aus dem Gefühl der Verantwortlichkeit dem Leben gegenüber.
Das Wahre Selbst existierte schon bevor wir geboren wurden. Fleisch, Blut und Knochen manifestieren lediglich einen Schatten des Seins. Doch Muskeln reißen, Knochen brechen, Blut vertrocknet und der Körper zerfällt zu Staub. Was bleibt ist das was wir Herz, Geist oder Seele nennen. Ein jeder Mensch versteht dessen Aufrichtige Sprache, wenn er nur richtig hinhört.
In der Weisheit der Tugend des Herzens liegt die Reife der Seele unverfälscht

Überwinden von Oberflächlichkeit

Frei von der drückenden Last der Oberflächlichkeit, entdecken wir eine tiefe, die in die Herzen der Menschen gelangt. Mit ungetrübtem Blick, frei von Vorurteilen, gelangen wir zur wahren Gestalt, zum wahren Wesen der Dinge.

GESTALT eines Wesens

Natürlich erleben wir das Leben, hindurch unserer Gestalt. Aber unser Wesen, wiederspiegelt sich auch in unserer Gestalt. Obwohl ob Geboren, als Bursche oder Mädchen und im Heranwachsen, ob stattlich, hübsch, an einer Erkrankung leidend oder gar behindert, unter diesen Umständen, wird sein Erdendasein durchlebt, in der dadurch bedingten oder Vorteilhaften bzw. Eigenen Gestalt.
Man mag Seelische tiefe erlangen, Fertigkeiten oder sonst etwas und sein Wesen, auch durch die Augen hindurch ausstrahlen, doch dennoch werden die anderen Menschen, einen durch seine Gestalt wahrnehmen.
Man mag trainieren oder sich gehen lassen, seine Ernährung bewusst oder unbewusst wählen, und dies wird sich auf die Gestalt eines Menschen niederschlagen. Aber es wird nichts daran ändern, wie z.B. seine oder ihre Nase gewachsen ist, oder deren Gesichtszüge sich Ausdrücken.
Als Frau erlebt man vieles anders als Mann und umgekehrt, und anhand seiner mitgegebenen Lebensumstände und seines Umfeldes, und vor allem seiner Prägungen als Kind, ist es selbstverständlich schwer, dass Menschen sich untereinander WIRKLICH verstehen.
Vergleichen und Urteilen, sich anmaßen irgendwie „Hochwohlgeboren" zu sein, sich für sonderlich cool oder schlau, schön, talentiert, oder sich Grundsätzlich besser als andere zu halten ist Töricht.
Das Karma findet seine Antworten.

Gesichter

Die Menschen lachen, doch sie lachen verschieden.
Kein Gesicht ist wie das andere, und jedes innere Wesen empfindet anders.
Wir denken gänzlich verschieden, unser Bewusstsein was uns Selbst betrifft, sowie die Wahrnehmung was unser Umfeld betrifft, ist stets eigen(individuell).
Jeder drückt sich anders aus, und das Verstehen ist auf all seinen Ebenen verschieden, was die Erscheinungen betrifft.
Wie können wir von einer Menschheit sprechen, wo wir doch untereinander so unterschiedlich sind, wie z.B. Wölfe, Hasen oder Adler.
So suchen wir in den Augen des Tigers, etwas was dem unseren gleicht, und hoffen darauf, dass er auch sich selbst in uns sieht.
Ganz tief drinnen, mögen wir alle gleich sein, doch Schicht um Schicht, Ausprägung um Ausprägung, Überzeugung um Überzeugung (usw.) gelagert, haben wir uns in einer komplexen Gestalt, in einem Wesen, unter einem Gesicht definiert, dass völlig anders ist, als dass unserer Mitmenschen.
Ich halte nichts auf eine Menschheit, weil ich mich nur mit sehr Wenigen verbunden fühle.

Kapitel 2
Weil die Liebe über allem Thront – Emotionale Intelligenz

Der aus Niedertracht gedeihende Schatten, der sich über die Welt legt, ist jener,
der aus den Verletzungen des Herzens emporsteigt,
und aus den Kränkungen des Geistes herniederfährt.
Doch nur wer auch Licht in sich trägt, kann einen Schatten werfen.
Das Licht – die Liebe ist,
die in allem wohnt,
und über allem thront.

Weil die Liebe über allem Thront (1)

Alles ist Vergänglich. Ich kann eine Begierde nach der anderen überwinden. Kann mich kasernieren, Stunden Meditieren, in die Natur gehen, in den Bergen als Einsiedler durch Lichtnahrung leben. Ich kann alles Mögliche weltliche Wissen studieren, und mein Leben in Einklang mit der größten Weisheit bringen. Ich kann in Mitgefühl für alle Wesen, stets am höchsten Wohl für alle selbstlos arbeiten. Krankheit wird mich heimsuchen, ich werde unter Nässe, Kälte und Hitze zu leiden haben. Ich werde altern, Leid erfahren und sterben.

Ganz gleich was ich auch tue, um mich der Wahrheit im Leben zu stellen, gilt es doch mich dem zu stellen, was mich Glücklich macht. Mir ist Bewusst das alles Vergänglich ist, und dennoch will ich mich dem Leben in seinem ewigen Wandel unterwerfen. Dennoch will ich Lieben.

Weil die Liebe über allem Thront.

Weil die Liebe über allem Thront (2)

Das hier ist immer noch mein kleines Leben, in dieser großen weiten Welt, und ich will verdammt sein, wenn ich nicht mit aller Kraft nach meinem Glück strebe.
Was ich auch tun kann, wie Einfältig es auch erscheinen mag, ich werde nichts unversucht lassen, weil lieber ist es mir, es wird über mich gelacht, als dass ich meine Tage in Reue verbringe.
Ich finde keine Ruhe, weil ich genau spüre und sehe was da draußen ist, und ich es leid bin, die Dinge von der Ferne aus zu betrachten.
Ich will das Schöne in mein Leben bringen, so vergänglich es auch sein mag.
Ich habe die Faxen dicke, von einer Angst, die mich heimsucht, und mir einreden will, ich sei nicht genug, oder es nicht Wert, das Glück für mich zu finden.
Ich laufe weiter und tue was ich kann, was sollte ich sonst tun.
Früher dachte ich mir, wie schön es doch wer, einfach nur davon zu fliegen. Mitlehrweile denke ich, das ich eigentlich froh sein kann, was vor meiner Nase liegt.
Und ich sage nur, lebe und kämpfe für deine Träume, den in Träumen kann man sehen, was Menschen fehlt.

Was weiß ich schon, naiv in Hoffnung lebend wie ich bin.
Aber was ist dieses naive überhaupt?
Wir haben es tituliert und belastet mit Allen möglichen Definitionen, obwohl wir damit kein wenig mehr der Realität ins Auge blicken.
Wir gestatten uns nur nicht, unser Potenzial zu leben, indem wir durch die Naivität über unseren eigenen Tellerrand blicken.

Weil die Liebe über allem Thront (3)

Des Menschen Herz und Geist mag durch alles Möglichen in Bedrängnis geraten, dabei sollte man nicht vergessen, dass die eigene Aufmerksamkeit stets im Dienste des „Größeren“ stehen sollte.
Dieses „Größere“ kann in allem lauern. Im Mitmenschen, dem eigenen Handeln, im voraussichtlichem Gedenken an die angehende Entscheidung, usw.
Weil man dem „Größeren“ dient, zum Wohle dessen, gilt es auch sich selbst wertzuschätzen, als ein Teil des „Größeren“ in dessen Plan, und so als ein Teil dessen Selbst.
Dieses „Größere“ könnte man unter anderem, mit den folgenden Begrifflichkeiten übersetzen: Ehre, Liebe, Gott, Menschlichkeit, Rechtschaffenheit, rechte Gesinnung, usw.
Doch sollten die Nichtigkeiten des alltäglichen Lebens, dass „Größere“ streben, nie in den Schatten stellen.
Ein Beispiel: Wenn der Hass oder die Wut das Herz einfängt, hat der Mensch für diese Zeit vergessen, was Liebe ist. Bedenkt und fühlt er die Liebe, wird sein Herz frei von Niedertracht sein.

Weil die Liebe über allem Thront

Weil die Liebe über allem Thront (4)

Ob Groß oder klein,
stark oder schwach,
hübsch oder nicht so sehr,
klug oder einfältig,
handwerklich geschickt oder tollpatschig,
ob naiv oder weise,
ernsthaft oder leichtfertig,
ob freundlich oder einfach ein Arschloch,
wir alle sind immer gerade so, wie wir nun mal sind.
Ein Jeder kann sich ändern, niemand muss das aber.
Letztlich wollen alle Geschöpfe nur lieben und geliebt werden,
so wie sie sind.
Es reicht vollkommen aus, von einem einzigen Menschen, so geliebt zu werden, wie man ist.
Wenn man diese Liebe empfängt, oder sie selbst geben kann,
reicht dieses erfahren und Verstehen, des Lebens selbst aus,
um Mitgefühl für alle Wesen zu entwickeln.

Weil die Liebe über allem Thront (5)

In der heutigen Zeit, kann der „Weg des Samurai“ nicht mehr praktiziert werden, da es keinen „erhabenen“ Fürsten mehr gibt, den man dienen könnte.
So ist jeder der den „Weg des Samurai“ studiert, schon angesichts der Umstände, von Anfang an zum Ronin geworden.
Doch wenn man den Fürsten durch die Liebe ersetzt, fangen wir wieder an, Samurai zu sein, in dem wir der Quelle selbst dienen.
Aus Ehrgefühl zu handeln ist lobenswert,
Aus Liebe zu handeln, durchdringt die Dimensionen.
Das ist mein BUSHIDO unter dem heutigen Zeitgeist!

Weil die Liebe über allem Thront (6)
KUROGANE's größter Schatz

Das auf das ich baue im Leben, ist etwas Unsichtbares, für das Menschliche Auge nicht erfassbares.
Die Eindrücke auf die ich Wert lege, liegen in der Ausstrahlung von dem worauf ich blicke.
Mein Gefühl zeigt mir die Mystik der Innerlichkeit, hinter Dingen und Menschen.
Ich spüre, wo meine Liebe hinfällt, dort wo sie sich wiederfindet, fühle ich mich beheimatet.

Weil die Liebe über allem Thront (7)

Die Frage, ob sich Jemand für etwas begeistern kann,
ist die Frage, in wie weit der oder diejenige, damit in Resonanz kommen kann.
Ist das Herz und Bewusstsein(Geist) offen genug, kann es sich über alles erfreuen.
Dennoch gibt es einen Wesenskern, der mit dem Höheren Selbst und der Bestimmung (Lebensaufgabe-Aufgaben) betraut und verbunden ist, dieser kann eine Resonanz erzeugen (hervorrufen), Inder die Intuition (Geist-Herz-fühlen) einen innerlichen Schrei ausstößt, der über alles andere hinweg erschallt.
Ich nenne dieses Phänomen: „Die Resonanz des Göttlichen – es ist die Liebe die über allem Thront.“

Weil die Liebe über allem Thront (8) Träume

In Träumen kann man sehen, was Menschen fehlt.
Doch eröffnet jeder Traum, eine neue Perspektive,
über ein neu geschaffenes Fenster, durch das man in die Ferne blickt.
Durch den Traum wird die Möglichkeit zur Manifestation geschaffen.
Von dem Zeitpunkt an, als wir das Fenster öffneten, und hindurch sahen,
entstand eine neue Zukunft.
Wir stellen das was wir im Traum sahen, in den Vordergrund,
und nähmen zurück und lassen los, was nicht im Einklang mit dem Traum ist.
Wir entledigen uns dem was war,
und schaffen Platz, für das was kommen mag.
Wir werfen weg, was nicht rein ist,
und blicken mit ungetrübtem Blick,
auf das was wir lieben.

Auf ein Leben besehen, dass vielleicht siebzig-achtzig Jahre andauern mag,
was sind da schon, ein paar Jahre der Entbehrung und des Leidens.
Ich kämpfe lieber ein paar Jahre, auf einem gefühlten „Schlachtfeld“,
auf dem ich möglicherweise falle,
als dass ich mich mit dem begnüge was mich nicht erfüllt.
Viele Jahre schon, habe ich hinten angestellt was mein Herz begehrt,
mit Strebsamkeit und Fleiß meine Tage verbracht.
Stets auf mein Herz vertraut,

und nicht auf die trügerischen Aussichten und Illusionen von seichtem Glück.
Die Pforten öffneten sich, und mein Traum rückt in greifbare Nähe.
Doch gilt es noch eine große Schlacht zu schlagen,
um mich als würdig zu erweisen,
um die Erfüllung meines Traums mitzuerleben.

Glorie des Augenblicks:
Wenn sich die Paradiesvögel in die Lüfte erheben,
und die Wolken sich lichten.

Der Erfolg ist nur ungewiss,
wenn man nicht an ihn glaubt.

Man kann sein Leben lang, hinter allem „Möglichen“ hinterherjagen.
Doch dann macht es „Klick“, und all das verliert an Bedeutung.
Weil die Liebe über allem Thront.

Zitat: Geliebt werden zu wollen, das ist nichts als ein heißer Wunsch, an dem man am Ende doch nur Verzweifelt.

Weil die Liebe über allem Thront (9)

Das glaube ich nicht, doch glaube ich, dass man das wirklich Schöne nicht festhalten kann, weil alles im stetigen Wandel ist.
Geistiges Verständnis ist veränderbar, Ansichten können sich ändern.
Doch sehen wir mit ungetrübtem Blick, wenn wir unser Herz befragen, weil die Liebe die einzige Wahrheit von allen ist.
Sie macht uns Verletzlich und angreifbar, doch ist das immer noch besser, als diese nie erlebt zu haben.
Unsere Erwartungen und Ansprüche machen alles Zunichte, können wir ohne diese, unseren gegenüber vollen Glückes Lieben, ist die Liebe echt.

Weil die Liebe über allem Thront (10) Liebenswürdigkeit

Das Bewusstsein dehnt sich aus, durch des Menschen Wissen, Verstehen, Erkenntnisse und Mitgefühl.
Jegliche Unbewusstheit ist ein Ausdruck fehlender Zuwendung, ein Anzeichen mangelnder Liebenswürdigkeit.
Weil wenn wir Unbedacht oder Unachtsam sind, gegenüber unserem Umfeld oder uns Selbst, verlieren wir immer dann, die Liebenswürdigkeit zudem was ist.
In dem wie wir handeln, was wir konsumieren oder essen, auf was sich unser Blick richtet, zeigt sich die Verantwortung dem Leben gegenüber die wir einnehmen.
Ist uns etwas gleichgültig, behandeln wir dies nicht mit der Angebrachten Achtung und Liebeswürdigkeit.
Wir übernehmen immer dann keine Verantwortung, wenn die Umstände und der Aufwand der daraus entstehen würde, im Verhältnis zum geschürten Leid, es in unserem ermessen nicht Wert ist beachtet zu werden.
Genau an diesem Punkt, wo wir die eigene Trägheit und Begierden über das entstehende Leid stellen, verlieren wir unsere Liebenswürdigkeit in uns, und auf das worauf diese gerichtet werden sollte.

Weil die Liebe über allem Thront (11)

Jedes Licht wirft einen Schatten.
Auch wenn Licht einen Raum erfüllt, verbirgt sich in den Ecken und Winkel des darin Befindlichen, Schatten.
Verlagert sich das Licht, kann es geschehen, dass sich der Schatten an gewissen Punkten ausdehnt und wächst.
Genauso Verhält es sich, wenn wir nicht Achtsam(Aufmerksam) sind, in unserem HERZEN.
Verletzt zu werden ist Schmerzhaft,
Traurig zu sein ist keine Schmach,
doch sein Herz mit Wut und Hass zu füllen, ist eine Schande.
Liebevoll zu sein, ist die höchste Kunst von allen,
weil die Liebe über allem Thront.

Es ist einfach Leid beizubringen (zuzufügen),
aber schwierig es zu lindern.
Es ist einfach, Unbedacht zu sein,
aber schwierig Rücksichtsvoll zu handeln.
Verwechselt Sanftmut nicht mit Schwäche,
oder einem Mangel an Stärke.
Es können die gefährlichsten, gewalttätigsten Krieger,
unter den sanftmütigsten Menschen lauern,
zwingt sie daher nicht,
ihre Ruhe und ihr Mitgefühl, für einen Moment aufzugeben.

Weil die Liebe über allem Thront (12) Gebrüll eines Aufsteigenden Drachen

Ich kann getrost behaupten, dass ich vor nichts Angst habe, außer davor, nicht Würdig zu sein und Schande über mich zu bringen. Ich hatte immer die Vorstellung, dass man etwas tun müsste, um sich sein Glück zu verdienen.
Aus diesem Grund war ich immer bemüht, durch Fleiß und Strebsamkeit in dem für mich Wesentlichem, nicht hinter anderen zurückzufallen.

Mitlehrweile weiß ich, dass sich jedes negative Emotional getragene Gedankengut zuerst in der Aura zeigt, und sich mit der Zeit, wenn wir nicht davon ablassen, auf unseren Körper herniederschlägt. Nicht nur das jede Absicht in unseren Augen aufblitzt und ablesbar in unseren Gesichtszügen nach außen dringt, sondern auch das wir uns Selbst nicht vor unserer eigenen Niedertracht verstecken können.
Wer längere Zeit in Wut und Hass verharrte, weiß das einem diese Gefühle kurzzeitig Kraft schenken, längerfristig jedoch auszerren und verschlingen. Worauf in der Folge, vieles positive verloren geht, und man letztlich nur mehr von jenen beherrscht wird.
Ebenso verhält es sich bei allen Begierden, sowie bei den sogenannten „7 Todsünden“, auch wenn mir der Begriff „Sünde“ zuwider ist.
Praktizieren wir eine dieser Begierden, legt sich bereits ein Schatten auf uns, der Leid verursacht. Können wir der Begierde frönen sind wir Glücklich, wird sie uns verwehrt sind wir unglücklich, beziehungsweiße was würden wir nicht alles tun, um dem Objekt unserer Begierde, doch noch Habhaft zu werden?
Weil die Menschen in verschiedener Hinsicht, ihre Begierde über das, durch diese hervorgebrachte Leid für andere stellten, ist die

Welt nun teilweiße in so einem vermaledeiten, angeschlagenen Zustand.
So legt sich der Schatten der die Herzen der Menschen verhüllte, über das Land.
Doch gibt es ein Gegenstück, zu jenen Emotionen die den Schatten hervorrufen.
Denn wenn das Feuer der Liebe in den Herzen entfacht ist, verdrängt dessen Licht den Schatten.
Wer Liebe empfindet, wird durch das Liebevolle geleitet, dass sich in alles ergießt, und wie von selbst verdrängt, was vorher bestand hatte.
Keine noch so tiefe Niedertracht, kann der Liebe standhalten.

Weil die Liebe über allem Thront (13)

Wir haben unsere Vorstellungen von Glück in alles Mögliche hineingetrieben, was dazu führte, dass unsere Aufmerksamkeit auf viele „Dinge“ zerstreut ist.
Unser Umgang ist mit dem Liebevoll, dass es aus unserem Erachtens Wert ist, damit Achtsam umzugehen, weil es mit unserem Glücksgefühl in Verbindung steht.
Da jedoch unsere Vorstellung von Glück an so vieles gebunden ist, ergeben sich dadurch Abhängigkeiten, die wiederrum Bindungen zu Aufgaben schaffen, die es zu bewältigen gilt, um all dessen habhaft zu werden, was es nach unserem Bedürfnis zu erlangen gilt, um ein Gefühl von Glück zu kreieren.
Dabei vergessen wir Achtsam zu sein, zu dem was ist, und somit sind wir nicht Liebevoll zu dem was ist. Weil unser Fokus auf all die „Dinge“ gerichtet ist, die es permanent zu erlangen gilt, um unsere Zufriedenheit zu sichern.
Da sich der Mensch in stetiger Beschäftigung befindet und somit in sich und seine „geschaffenen Probleme“ verstrickt ist, die dadurch entstehen, weil das erlangen von etwas, immer einen Gegenwert fordert.
Dabei braucht es das alles nicht, bzw. viel weniger davon. Der Mensch benötigt eine ordentliche Bleibe, saubere Kleidung, ausreichend Gesundes Essen usw. doch vor allem andere Menschen, mit denen er oder sie seine Freude (lachen) und Trauer (Tränen), sein Glück und Unglück teilen kann.
Die Armen sind oftmals Glücklicher, weil sie ihr Glück in ihrem Gegenüber finden.
In diesem Zeitgeistlichen System entsteht an vielen „Ecken“ und „Kanten“ Leid, weil der Wert gewisser „Dinge“ für viele mehr zu wiegen scheint, als der an dessen „Gegenpol“ entstehende Schmerz. Denn wer zu viel auf der einen Seite nimmt, verursacht einen Mangel auf der anderen.

Erst wenn der Mensch versteht, dass die Freude seines Gegenübers, genauso seine Freude ist. Das der Liebevolle Umgang zu allem was ist, auch ihn in diese Liebe einbindet, und somit das Glück von allem, sein Glück ist, wird Mangel und Leid vermindert werden.
Dazu ist es nötig kürzer zu treten, sich auf das Wesentliche zu besinnen, und vor allem „Raum für das Liebevolle" zu schaffen.
Wir brauchen Volksvertreter die solcherlei Weisheit verstehen, Medien die diese in die Welt tragen, und somit das Bewusstsein genährt wird, mit dem was für alle das Beste ist.

Weil die Liebe über allem Thront (14)

Würdig sind jene, die Ehrenhaft – Demütig u. Liebevoll sind.
Es ist nicht dem Zeitgeist geschuldet, dass die Erde blutet und die Geister in Verzweiflung Tränen vergießen. Die Gier gab es schon immer. Hat sie einmal ein Menschenkind befallen, beginnt diese zu sprießen, und durchdringt alle rechtschaffenen Bereiche der Gesinnung. Einmal in den Schlund dieser Krankheit geraten, ist es als ob der Mensch von einer fremden Macht, in Besitz genommen wurde, die diesen langsam verzehrt.
Blinde Tyrannen lechzten in ihrer Machtlust, nach allem was sie sich einverleiben können, doch wird ihr Hunger nicht gestillt, weil ihnen die Liebe fehlt.

Emotionale Intelligenz (1)

Man kann sich in alles Mögliche hineinsteigern.
Die Interessen der Menschen sind so vielfältig und zahlreich, wie es Möglichkeiten auf der Erde gibt, sich auszudrücken. Ungeachtet der Erziehung und des Umfeldes, kann ein Mensch sehr eigenartige Interessen entwickeln. Menschen mit gleichen Interessen raufen sich zusammen, schon alleine, weil es in der Natur des Menschen liegt.
Doch warum vermag sich ein Mensch für eine Sache begeistern und für eine andere nicht?
Warum spricht er oder sie auf gewisse Dinge an, und auf andere nicht?
Weil sich das Innere stets nach außen kehrt. Das was selbst hinter dem geprägten Charakter liegt, die Wesensnatur (Seelenkern, höheres Selbst, Bewusstsein) will sich ausdrücken in der Welt. Es strebt nach dem was seiner eigenen Struktur(Wesen) am ähnlichsten ist.
Menschen mit starken gemeinsamen Interessen, sind sich oftmals sehr ähnlich, was auch ihren Seelenkern betrifft, Seelenverwandt wie man so schön sagt.
Was uns verbindet ist oft vielmehr als nur eine äußere Ausdrucksform. Es ist das was der Ausdrucksform zugrunde liegt.
Emotionale Intelligenz ermöglicht uns anhand unserer Gefühle zu erkennen, was uns Glücklich macht. Wer rein auf Geistiger Natur Intelligenz besitzt, ist nicht in der Lage dazu, seine Herzenswünsche wahrzunehmen, geschweige denn zu verstehen, dass die tiefe Wahrheit die aus dem Herzen kommt, ihm oder sie zu ihrem Glück führen würde.
Hoch Intelligente Menschen können nur von ihren Begierden(Gier-Verlangen) angetrieben werden. Sie können keine tiefen Gefühle abrufen, und sich dadurch nur an der Oberfläche, eines trügerischen Glückes erfreuen.
Höre auf dein Herz, es ist Weiße!

Emotionale Intelligenz (2): Der Zahn der Zeit nagt an uns allen

Seit ich in die Pubertät kam wollte ich Verstehen was das Leben (den Sinn) ausmacht.
Ich widmete mich mehr oder weniger Philosophie, Psychologie, Buddhismus, Schamanismus, Theosophie, Spiritualität, der Wissenschaftlichen Herangehensweise an die feinstoffliche Materie und das Bewusstsein.
Seit etwa zehn Jahren beschäftige ich mich nun schon mit verschiedensten Weisheitslehren, im Streben nach Erkenntnissen. Im Laufe der Zeit, habe ich durch das Begreifen verschiedener Weisheiten (tiefer Wahrheiten), viele meiner Verhaltensmuster geändert, unter anderem esse ich kein Fleisch mehr. (mitlehrweile doch wieder, he, he – so kann's kommen-aber nur „Bio")
Selbsterkenntnis und individuelle Erfahrungen ließen mich den Sinn des Lebens, vom Verstand aus erfassen. Doch erfüllten mich meine Erkenntnisse im Streben nach Glück nicht. „Was nützt es mir den Sinn des Lebens (vom Verstand aus) zu verstehen, wenn ich nicht Glücklich bin", fragte ich mich.
Vollkommen gleichgültig wie Intelligent und weiße man auch sein mag, wie fleißig, Rechtschaffen, und Rücksichtsvoll man seine Tage auch verbringen mag, was nützt es einem schon, durch bedacht jene Hintergründe (Motivationen, Grund) hinter allem Seins zu verstehen, wenn man dabei keine Freude empfindet.
Ich beobachtete das scheinbare Glücklichsein von Narren, die sich durch ihr unbedachtes handeln, im Streben nach Begierde Befriedigung, stets selbst in Leidvolle Situationen brachten.

Ich suchte nach etwas, was im Verborgenen lag.
Nach einer Wahrheit die alles durchdringt, nach etwas das nicht vom Verstand aus zu erfassen war, nach der Weisheit und Wahrheit im Glücke selbst.

Ein ganzes Leben lang, strebt ein jeder Mensch nach Glücklich sein. Der Schlüssel dazu liegt in der Emotionalen Intelligenz. Jeder Gedanke und jedes Gefühl tritt sofort in Wechselwirkung mit der Materie, sowohl feinstofflich als auch physisch.
Wer sein Herz nicht Versteht, bleibt seinem Verstand überlassen, weil das Herz auch nötig ist, um den Geist (Höheres Selbst, Seele) zu begreifen, der hinter dem Verstand liegt.
Wer die Liebe versteht wird alles durchdringen, in ihr liegt eine Wahrheit, die in alle Richtungen ausstrahlt.
Selbst festgefahrene Überzeugungen werden dadurch wie von selbst gelockert, weil das Mitgefühl und somit das Verstehen des Lebens dadurch wächst.
Widmet ihr euch irgendeiner „weltlichen Ausdrucksform (Unterfangen, Sache)“ die rein von Intellekt, Begierde, „Coolen-Scheiß“ usw. geprägt ist, werdet ihr keinen Frieden im eigentlichen Glück finden.
Widmet ihr euch der Liebe, kann es kein verschwendetes Leben sein.

Emotionale Intelligenz (3) Wonach „Suchen" wir alle?

Es gibt viele, die begnügen sich mit dem für alle sichtbaren Spektrum der physischen(dichten) Materie, sowie sie sich mit den leicht verständlichen Aspekten(Ausprägungen) ihrer Psyche(Geist), und ihren Gefühlen(Begierden, Verlangen) zufrieden geben.
Doch an einen gewissen „Grad des Seins(Selbsterkenntnis)" angelangt, hat der Mensch, tiefe in seinem Geist(Verstand-denken-Weisheit) und in seinem Fühlen(Liebe-Mitgefühl) erlangt.
Durch das erleben, tiefer Gefühlsmäßiger Erfahrungen, und dem verstärkten Fühlen, wächst die INTUITION, die den „Instinkt" eines Geistig – Emotional Intelligenten Lebewesens darstellt.
Ein Intuitiv-denkend-fühlendes Wesen ist in seinem Streben nach Glück, mit dem Kosmos verbunden, begreift seine Lebensaufgaben Stück für Stück, und sät seine Gedanken und Vorstellungen in Einklang mit der Harmonie, und erntet das wahrhaftige Glücklichsein.
Im Erfahren von Erkenntnissen, erlangen wir Weisheit.
Im Erfahren von Liebe, erlangen wir Mitgefühl.
Im Verbinden von „Geist und Herzen" erlangen wir Reife, und so werden wir zu Intuitiv-denkend-fühlenden Wesen.
Ich kann nur darüber spekulieren, was danach kommt. Vielleicht die Wahrnehmung feinstofflicher Dimensionen(Astral-Mentalwelten), sowie der sie durchdringenden Wesen.
Jedenfalls ist das „Intuitive-Wesen" der nächste Spross auf der Leiter.

Wir sind, wer wir sind

An einem bestimmten Punkt in unserer Entwicklung angelangt, ist es uns vorherbestimmt aufgrund des Umfeldes, an einer gewissen Örtlichkeit auf bestimmte Menschen zu treffen.
Unser Charakter führt uns unausweichlich, mit dem zusammen, was in unserer Umgebung an Resonanzpunkten vorhanden ist.
Unser Charakter führt uns unausweichlich, mit den Menschen zusammen, die in unserer Umgebung, mit uns auf Resonanz stoßen.
Rückblickend betrachtet, gebe ich zu, dass manches aus reinem Zufall geschah, doch die tiefgreifenden Begegnungen, doch von vorne herein, absehbar waren.
Ich bin wo ich bin, weil ich bin wer ich bin.

Jede Persönliche Entwicklung greift ein auf das, was von da an um uns herum geschieht.
Aufgrund meines Persönlichkeitskernes (Seelenkerns, Wesensnatur) der ungeachtet weltlicher Einflüsse, von Geburt an darauf „Programmiert“ war, dass ich den Weg des Samurai für mich als Wichtig erachte, sobald ich mit ihm auch nur im entferntesten in Berührung käme, war es von Anfang an klar, dass dieser meine Persönlichkeit in diesem Leben prägen würde. (sowie im Vergangenen Leben hautnah)
Das ich durch die Samurai, zum Buddhismus und der Anime-Kultur kommen würde, war auch vor meiner Geburt schon angelegt. Beziehungsweiße sprachen mich die weltlichen Einflüsse so stark an, dass ich damit ganz natürlich in Resonanz kam.

Das ich aufgrund meiner Interessen und Ängste auf gewisse „Bahnen“ kam, war aus der Innerlichkeit selbst, herauslesbar.
Natürlich leben wir auch die Energie der Eltern, doch diese werden uns nicht ohne Grund, im Leben zur Seite gestellt.

Schlussendlich geschieht nur wenig, ohne Vorherbestimmt zu sein. Doch all dies entsteht aufgrund der Anwandlungen in unserem Bewusstsein.
Darum nochmals:
„Ich bin wo ich bin, weil ich bin wer ich bin."
Mir sind die Hintergründe meiner Jetzigen Situation bewusst, doch fühle ich dennoch schmerzlich, dass das was ich Liebe, jetzt nicht greifbar für mich ist.

Dieses Gesicht,
diese Gestalt,
diese Augen,
was ist das?
Ein Abdruck dessen, was es durchdringt.
Die Welt ist nicht klar,
weil sie trübe ist, blicke durch sie hindurch.

Dem Leben die Zähne zeigen

Völlig gleich wie schlecht es um einen bestellt ist,
es nützt nichts das Leben zu verfluchen,
weil Sterben werden wir sowieso.
Bis dahin gibt es nichts dazwischen,
entweder Leben wir, oder Sterben wir, doch wir tun es anständig.
Aufgeben ist ohnehin keine Option,
weil was bleibt übrig von uns, wenn wir dies tun würden.

Könnten wir uns noch ins Angesicht blicken?
Spielt es wirklich eine Rolle, wie viel Schmerz wir zu erdulden haben,
bis wir erreichen können, wonach die Liebe in uns verlangt.
Selbst wenn wir das ach so Sehnlichste nie erreichen könnten,
wäre es dennoch besser, mit Zuversicht dafür zu kämpfen,
als schon im Vorhinein Aufzugeben.

Das Leben ist fordernd, und oftmals durchdrungen von Leid,
doch wenn dem auch so ist, gibt es nichts anderes zu tun, als weiter zu kämpfen.

Wenn wir Aufgeben,
in einer beschwerlichen Angelegenheit,
die für uns, von wirklichem tiefem Wert ist,
verraten wir uns selbst,
werden zugleich heimatlos in uns selbst,
und heimatlos in der Welt.

Solange nur der Hauch einer Chance besteht,
der Angelegenheit habhaft zu werden,
gilt es keine Mühe zu scheuen,
jeglichen Schmerz zu ertragen,
bis jenes erlangt ist,
oder man aufrecht dabei fällt.

Im Falle eines Scheiterns, wird sich der Gefallene, guten Gewissens wieder erheben können,
wenn er nur alles versucht hat, um dem beizukommen, wonach sein Herz gerufen hat.

Das Herz verleiht uns Stärke

Das Herz(physisch/feinstofflich) ist Wahrhaftig, weil es nicht nur dazu da ist,
das Blut durch die Gefäße zu pumpen.
Es bringt Gefühle hervor, die den Körper durchfluten,
und über dessen hinausstrahlen.
Der Glaube an Etwas, verleiht Entschlossenheit,
doch kein bloßer Glaube,
der nicht von der Weisheit des Herzens getragen wird,
mag zu Glücklichsein führen.
In der Weisheit des Herzen lauert,
keine Niedertracht, sondern Liebe,
diese ist in ihrer tiefe Wahrhaftig.
Es ist nichts wirklich erstrebenswert,
wenn es nicht aus dem Herzen kommt.

… Vertraut auf die eigenen tiefen Gefühlen,
sie entstammen der Weisheit des Herzens,
Folgt ihnen, sie weißen den Weg!
Lebt das, woran ihr Glaubt.
Selbst wenn dieser Glaube, jetzt nur ein Traum ist,
kann dieser Traum, wenn wir an ihn glauben, Wahr werden.

Wir sind Seelen,
in Fleisch und Blut gegossen.
So sind wir Verletzlich, doch letztlich,
macht uns dies nicht verdrossen.

Weil wir unseren Herzschlag spüren,
uns die Gefühle berühren,
lassen wir uns von der Intuition führen,
auch wenn wir nur als kleiner leuchtender Stern,
im großen Topf des Universums rühren.

Verletzlichkeit

Kein Mensch ist wirklich natürlich.
Weil wir alle irgendwann schon mal Verletzt wurden,
uns allen schon unrecht getan wurde,
und auf uns oftmals nicht richtig eingegangen wurde.
Niemand kann behaupten, dass er oder sie nicht vor irgendetwas Angst hat.
Ob es die Angst ist, z.B. sich zu blamieren, dumm anzustellen, etwas nicht zu können, nicht gut genug zu sein, ausgelacht zu werden, nicht angenommen zu werden, etwas kaputt zu machen usw.
Doch eigentlich spielt all das keine Rolle, weil wenn wir einfach sind wie wir sind, und tun was wir können, brauchen wir nichts zu bereuen oder hinterher bedauern.
Wir tragen alle unsere Päckchen, und kein Mensch ist gänzlich frei von Selbstzweifeln.
Zeige deine Schwächen, und lebe damit als Selbstverständlichkeit. Nähme sie an, den nur so, kann man ihrer Herr werden. Versuche nicht sie zu verbergen, oder durch „scheinbare Coolness" zu verstecken.
Ich zeige meine Schwäche, vielleicht zeigt sie mir dann mein Gegenüber, und wenn wir dann beide feststellen, dass das eigentlich gar nichts Schlimmes ist, helfen wir uns gegenseitig und unterstützen uns, bei unseren Problemen.
Verletzlichkeit ermöglicht erst wahre Stärke.
Irgendwie hat doch die Verletzlichkeit ihren ganz eigenen Charme.

Wir bauen uns unser Gefängnis selbst. Zimmern uns unsere eigenen Illusionsgebilde, und reagieren mit Entrüstung, wenn diese in sich zusammenbrechen. Aufstieg und Fall liegen in der Natur des Menschen. Die Betrübnis die uns Plagt, ist nur die Anbindung an Vergangene Ereignisse, die aus unserem Wunschdenken erwächst, das unsere kreierten Illusionen die Realität seien. Doch die Wahrhaftigkeit des Seins holt uns ein, und ihr ist es gleich, ob wir an unserem Irrglauben festhalten oder ihn loslassen.

Ob Frau oder Mann, letztlich sind wir Menschen.
Ob Mensch oder Tier, letztlich sind wir beseelte Wesen.
Ob Tier oder Pflanze, letztlich haben wir alle denselben Geist.
Ob Sichtbar oder Unsichtbar, letztlich ist alles durchdrungen,
ist ineinander verstrickt und Eins.

Kapitel 3

Seele - Zeit

Die Zeit trägt den Wandel mit sich, in einer vergänglichen Welt.
Doch unterwirft sich eine Seele, nicht einem vermaledeiten Zeitgeist.
Denn was ewig ist, muss nicht dem Geist der Zeit gehorchen.
So folge ich dem General, wie ich es immer tat.

Ich sehe in vielen Bereichen und Aspekten des Menschlichen Daseins, das sich die Menschen mit sehr einfachen Erklärungen abgeben, was sie Selbst betrifft und das, was sie Betrachten und zu verstehen glauben.
Zum Beispiel, blickt ein Mensch auf einen anderen, und erklärt sich auf sehr einfache weiße selbst, was die Triebkräfte des anderen sind, aufgrund dessen, dieser seine Entscheidungen getroffen hat, und bildet sich ein, die Gefühle und Gedanken des anderen zu verstehen und zu kennen.
Ebenso neigen die Menschen dazu, eigene Entscheidungen zu treffen, und sich selbst eine einfache Erklärung für ihre eigenen Emotionen und Gedanken zu geben, weil es ihnen an Selbstkenntnis ermangelt, und somit an der Fähigkeit, ihre eigene Psyche(Geist) und Emotionen in deren verschiedenen tiefenebenen zu verstehen. (oder z.B. in der Betrachtung auf weltliches Zeitgeschehen.)
Emotionen können aus verschiedenen Emotionalen Ebenen(Schichten) aufsteigen, oder ihre Wurzeln sogar in mehreren feinstofflichen Ebenen beheimatet haben.
Die Herkunft und der Grund auf dem ein Gedankengebilde aufgekeimt ist, kann ebenso Aspekte des Höheren Selbst, des Ego und des Verstandes wiederspiegeln. Genauso kann ein Gedanke der z.B. seinen Ursprung im Ego findet, aus dessen seichten oder tiefen Gewässer kommen.
Genauso können zwei Menschen, denselben Gedanken oder dieselbe Emotion haben, doch kann der Grund und damit der Auf-

bau, einer solchen Information oder Qualität, eine gänzlich andere sein.
Es ist nicht so einfach, etwas zu verstehen.
Oder sich selbst zu verstehen.
Sich mit einfachen Antworten zufrieden zu geben, bedeutet oftmals an eine Illusion(Trugbilder) zu glauben und damit der Täuschung zu unterliegen. Was genau heißt, die Wahrheit in und um uns herum nicht erkennen zu können. Doch ist das Erkennen von inneren und äußeren Zuständen nötig, um zur „Reinheit und Klarheit" zu gelangen.
Zum Beispiel, ist doch alles was wir letztlich tun, ein Streben nach Glück. Doch wer sein Glück nicht kennt, weil er sich selbst nicht kennt, oder weil, er sich in den äußeren Trugbildern verliert. Dem ist es unmöglich, die Stimme der Intuition (des höheren Selbst) zu vernehmen, oder selbst wenn jener die Botschaft hört, vermag ein solcher diese doch nicht zu erkennen, und setzt jenen Geistesblitz mit all den anderen aufkommenden Gedanken gleich. Worauf er die Botschaft nicht deuten kann und damit sein Potenzial auf Glück unbeachtet lässt.
(z.B. Gesundheit, wie will jemand Gesund werden, wenn er die Ursache seiner Krankheit nicht zu erkennen vermag.)
(oder z.B. Wahrheit = Weisheit bezeichnet vorrangig ein tiefgehendes Verständnis von Zusammenhängen in Natur, Leben und Gesellschaft sowie die Fähigkeit, bei Problemen und Herausforderungen die jeweils schlüssigste und sinnvollste Handlungsweise zu identifizieren - Wikipedia)

Die Welt – die Wechselwirkung mit der physischen Realität, hat mich geformt.
Aber das ist ja auch nur eine „Bedingte Erscheinung".
Jetzt bin ich hier, in Fleisch und Blut gegossen, und wenn ich mich tief schneide, dass Blut aus der Wunde schießt, und ich den Fluss nicht stoppen kann, gedenke ich zu sterben.

Oder wenn ich beispielsweiße eine Zehe abtrenne, erinnere ich mich immer noch daran, dass die ursprünglich da war, beziehungsweiße sehe ich meinen Fuß im Geiste, immer noch mit allen Zehen.
Ich meine die Tatsache, dass ich älter werde, belegt doch das, dass gar nicht die „absolute Realität" sein kann.
Ob ich 16 oder 25, 40, oder 80 bin, ist das doch nur, die Wiedergabe einer Realität die Fiktion ist.
Die Wahrnehmung der „physisch, weltlichen Realität" ist nur der notgedrungene Abdruck eines zerstreuten Kollektiv.
Illusionäre Erscheinungen die die Verstrickung des aus dem kollektiven Bewusstsein, gedrungenen Abdruck in der manifesten äußeren Welt wiedergeben.
Ein Abdruck der nur einen kleinen Prozentsatz darstellt, von dem was ist.
Ein Ausdruck den wir hinterlassen.
Im Gegensatz ist zum physischen sein, dass ich trotzdem glaube, „das ich bin" wenn ich schlafe oder Träume.
Was für einem Bild entspreche ich? Was für einem Bild entspreche ich, in den Augen anderer?
Als was habe ich mich manifestiert und definiert?
Ich Versteh nicht was ich da bin, was ich sehe: Gesicht, Haare, Augen, Nase, Mund, Haut, Hände, Füße usw., wenn ich mich sehe, in all meinen Teilen, sowohl physisch als auch feinstofflicher Natur.

Ich glaube an keinen „absolut starren" physischen, psychischen oder emotionalen Zustand eines Menschen.
Alles was wir aus einem Körper, Geist oder Herzen entnehmen können, ist eine veränderbare, wandelnde Erscheinung.
Kein wahrnehmbarer Ausdruck eines Menschen,
wie beispielsweiße eine Geste oder ein Gesichtszug der sich abzeichnet,
kann gänzlich „Wahrhaftig im allumfassenden Sein" ankommen,

wenn wir unsere Wahrnehmung nicht über das „normale“ erweitern.
Am ehesten traue ich noch meiner Intuition.
Auch wenn mein Kopf oft was missversteht, ist die Intuition immer noch die Grundfeste meiner Sinnesorgane.

FRÜCHTE u. BLÜTEN

Das Grundsätzliche Problem bei allen Pfaden die man auf dieser Welt beschreiten kann ist, dass es keinen absolut Wahrhaftigen von größter Weisheit und höchster Moral ausgezeichneten Weg gibt, der einem von allem Leid erlöst.

- Selbst wenn man es schafft, beinahe alles Wissen und jegliche Weisheit zu ergründen.
- Sein Herz ganz öffnet, und einen Liebevollen Umgang mit allen Wesen hält.
- Alle Begierden überwindet und sich fernab der Konsum-Gesellschaft niederlässt.
- In letzter Konsequenz sogar von Lichtnahrung lebt, sein Ego auflöst, eins wird mit der Einheit und die Welt transzendiert.

Es gibt weder Vollkommenheit, Meisterschaft noch absolute Erleuchtung in der Welt zu finden.
Zitat Buddhas: „Wenn dir jemand begegnet der behauptet, ich bin Erleuchtet, erschlage ihn."
Solange man einen Körper bekleidet, kann man sich nicht gänzlich vor der Welt verstecken. Dieser zugewandt entstehen zwangsweiße Konflikte, die es zu lösen gilt, und in denen man mit Leid in Konfrontation gerät.
Wenn wir unser Ego aufgelöst, und die Welt transzendiert haben, erscheint mir ein derartiger Zustand ähnlich dem Sterben, und derjenige gleich einem Toten in einer lebendigen Welt.
Solange wir auf Erden wandeln, bewegen wir uns durch Frequenzen der Dualität und durch Polaritätsfelder. Wir geraten an Impulse die Duale Aspekte wiederspiegeln.
Wir sind der Schwingung unseres Umfeldes ausgesetzt, und darum können wir dem niederen kollektiven Bewusstsein auch nicht entfliehen, solange wir uns als ein Teil dieser Welt verstehen.
Selbst wenn ein Einzelner über die höchststehenden Wolken und

Berge hinweg, in seiner Energie schwingt, gerät diese in Verbindung mit seinem Umfeld, dass diese wiederum als niederschwingend hinunterzieht. Um in der Einheit mit der Quelle zu sein, müssten wir uns schon auflösen und den Planeten verlassen, und alles was außerhalb der Einheit ist, erfährt hier und da Leid aufgrund der Dualen Kräfte. So denke ich, bisweilen…

Verstehen

Die Art zu denken, sowie die Gefühlswelt der Menschen, unterscheiden sich gänzlich voneinander. Es können zwei Menschen, ein und dasselbe erleben, und dennoch können ihr Verständnis sowie ihre Gefühle abweichend sein.
Wir gebrauchen allgemeine Begriffe wie Liebe oder Seele, doch versteht ein jeder etwas Anderes darunter.
Es gibt Menschen, die scheinen viel erlebt zu haben, und dennoch erfassten sie vieles nicht in der tiefe, vergleichsweiße kann ein Mensch wenig erlebt haben, jedoch dieses in der tiefe erfasst haben.
Ein Mensch kann im „Außen“ nach etwas Ausschau halten, wenn er aber innerlich „verarmt“ ist, es selbst wenn es in Erscheinung tritt, nicht begreifen.
Ebenso kann ein Mensch „Innerliche“ Erkenntnisfähigkeit bewiesen haben, aber nicht die Fähigkeit besitzen, diese in der Welt auszuleben.
Menschen können in der Welt alles erreicht haben, doch innerlich abgestumpft und Leer sein.
Genau so kann ein Mensch äußerlich arm sein, doch innerlich genährt und Glücklich sein.
Alles was wir wahrnehmen, hat viele Gesichter, die uns wiederspiegeln was wir selbst sind.
Manchmal reden Menschen über etwas, was sie glauben erlangt zu haben und zu besitzen, gleichzeitig sind sie innerlich weit davon entfernt zu verstehen, was die Verbundenheit dazu ausmacht.
Genauso kann ein Mensch schweigend auf etwas blicken, dessen er oder sie niemals habhaft werden können oder dieses, sich weit entfernt aufhält, damit jedoch eine innerliche Verbundenheit und Verstehen haben, die weit über das weltlich fassbare hinausgeht.

Kreis

Ein jedes Wesen zieht einen unsichtbaren Kreis um sich. In dem sich befindet, worauf es einen Anspruch erhebt, was einem lieb und teuer ist und was es beschützen und verteidigen will.
Der selbige Kreis dient dazu, um seine eigenen Grenzen zu ziehen. Denn wer seine eigenen Kräfte zu weitläufig verstreut und seine Grenzen zu weit ausdehnt, der wird, wenn es nötig ist, bei der Verteidigung des ihm Liebsten, zu schwach sein. Ebenso, verliert er seine Aufmerksamkeit für das ihm Bedeutendste und unterläuft der Gefahr, dass ihm jenes entgleitet, weil er seine Prioritäten zu sehr ins unwesentliche getrieben hat. Zuerst festigt man seinen inneren Kreis, erst dann dehnt man seinen äußeren Kreis aus. Doch gibt man den äußeren Kreis auf, wenn es nicht möglich ist, diesen zu verteidigen ohne gewehrleisten zu können, dass der innere Kreis dabei keinen Schaden nimmt.
Dies bezieht sich, auf die Ordnung persönlicher Beziehungen. Vergesse man nicht das spirituelle Gesetz: „Wohin die Aufmerksamkeit gelenkt wird, da fließt Energie." Das heißt, umso mehr man seine Aufmerksamkeit auf vieles richtet, desto mehr teilt sich diese auf und folge dessen, zerstreut sich die eigene Energie und fließt in all jenes hinein. Darum bedenke, was dir Wichtig ist, denn jeder entscheidet für sich, was sich in seinem Kreis befindet und was er rauswirft.

Der selbige Kreis dient auch dazu, seine eigenen Grenzen zu kennen, denn jeder Mensch und jedes Leben zieht diesen unsichtbaren Kreis. Konfrontation entsteht dort, wo zwei gezogene Kreise, an ihren Grenzen oder in sich zusammentreffen. Obgleich es unser recht sein mag, unser Überleben zu sichern, sowie die Nahrung – das Leben, aus der Natur zu beziehen und zu entwenden um unser eigenes Leben aufrecht zu erhalten, ist es doch nicht das

Recht eines Menschen, unnötiges Leid zu schüren um seine Gier zu befriedigen.
Würden die großen Konzerne, Machthaber usw. endlich verstehen, dass sie über ihre Grenzen hinaus über ihre Verhältnisse leben, wenn sie die Natur und die Menschen ausbeuten und durch ihr Wirtschaftliches - Gier getriebenes verhalten, Leid über die Welt bringen.
Ich unterscheide klar zwischen einem „Wir“ und jenen „Niederträchtigen Dämonen ähnlichen Wesen“ wenn ich von der Menschheit spreche.

Jedes Mal, wenn ein Mensch Niederträchtig ist,
wird ein Teil Liebe verschluckt,
geht damit unter und versinkt auf einen Grund, an dem Leid entsteht.
Ein Geistig – Emotional Intelligentes Wesen, würde niemals Liebe für etwas Opfern.
Weil kein Streben nach Glück ohne Liebe gedeihen kann.

Aber der materialistisch denkende Mensch wiegt Gewinn und Verlust anders.
Obwohl Glück immateriell ist, und wer Kenntnis über feinstoffliche Materie hat, der weiß um das „Gewicht und den Wert“ von Gefühlen und Gedanken.

Da triefen ganze Regierungen vor Niedertracht und Gaia (die Erde) blutet.
In verschiedenen Bereichen, werden ganze Lügen-Konstrukte aufgebaut und scheinheiligst verteidigt. Großangelegte von Begierden getriebene Zerstörung wird betrieben, und ich frage mich:
„Wie kann das nur sein, das die Menschen nur so wenig, bis gar kein Ehrgefühl und keinen Anstand haben, wie kann es nur so wenig Rechtschaffenheit auf Gaia geben?“

Das Streben nach Glück, ist das Streben nach Ganzheitlichkeit.

Auf dem Weg zur Ganzheitlichkeit, kommt man zu den Eckpfeilern seiner eigenen Verstörtheit. Denn wenn ich Ganzheitlich sein möchte, um Glücklich zu sein, komme ich an all dem nicht vorbei, was mich davon abhält dies zu erlangen, und somit werde ich mit meinen inneren Ängsten, Zweifeln und Hemmungen konfrontiert.
Siehe man ein Baby an, es ist eigentlich der Grundzustand des Menschen, Glücklich zu sein. Doch mit dem Weltlichen in Konfrontation geraten, ist es das entstehende Leid dem wir entgehen wollen, so werden verschiedene Taktiken entwickelt um dem zu entgehen. Denn eigentlich ist der Mensch voller Liebe und geht offenen Herzens durch die Welt, doch wurde er Verletzt, kann eine Taktik sein, sich einem Lebensbereich zu verschließen. Dann baut jener eine Unsichtbare Mauer vor einem Lebensbereich auf, die das Schlechte sowie aber auch das Gute in dieser Sache abblockt. Somit Schützt sich der Mensch zwar, doch sorgt gleichzeitig dafür, dass in diesem Bereich keine Entfaltung stattfinden kann.
Ebenso, entdecken wir in der Selbstschau, dass immer dann, wenn wir vor etwas scheu haben oder bei einer Sache nervös werden, da innere Selbstzweifel vorhanden sind. All dies zeichnet unsere Verstörtheit, uns Selbst und dem Leben gegenüber aus. Es gilt sich, seine eigene Verstörtheit einzugestehen und ihr zu begegnen, wenn wir Ganzheitlich sein wollen. Denn nur dann können wir Überwinden was uns davon abhält Glücklich zu sein.
Eine andere Taktik kann sein, Kompromisse einzugehen. Denn wer sich im Leben treiben lässt, geht ständig Kompromisse ein. Doch niemand kann Glücklich in einem entfalteten Lebensbereich sein, wenn er oder sie, in einem anderen Lebensbereich verkümmert ist. Damit meine ich, es wird der Mensch der einen Lebensbereich verwirklicht hat, immer in Konfrontation damit geraten,

wenn er einen anderen vernachlässigt hat. Den es entstehen dort Reibungsflächen, wo die Entwicklung hintenansteht.

Versetzte man einen Menschen in den Glauben, er wäre frei von seinen Schwächen und bringe man ihn in eine Position, in der er unangreifbar für sein näheres Umfeld ist. Also in einen Zustand, in dem jener glaubt, er stünde über der Masse (den Bürgern-Volk) und ihm drohe keine Gefahr, durch dieselben. Verleihe man ihm so viel Geld und Macht, das ihm jegliche Willkür freisteht und Möglich ist. So wird offenkundig, wer er wirklich ist.
Im Gesellschaftlichen Zusammenleben, kann Freundlichkeit nur zum Notwendigen Mittel werden, für ein friedvolles Miteinander. Doch wie viele würden Töten, wenn sie das Privileg dazu besäßen, ohne dafür vom Gesetzgeber Gerichtet zu werden. Doch wer Tötet, muss unweigerlich damit rechnen, selbst getötet zu werden. Es sei denn, die anfangs erwähnten Voraussetzungen wären gegeben. Doch jemandem dem Bewusst ist, dass er jeden Moment sterben kann, dass die Erde seit unzähligen Jahrtausenden existiert, wohingegen ein Menschenleben nur kurz währt. Der hat verinnerlicht das Menschen um 10 000 vor Chr. ihr Leben lebten und starben, so wie sie es heute tun.
Jener ist sich seines Wandels im Seins des Universums und dem auflösen von Zeit und Raum, der spirituellen Dimensionen usw. bewusst. Nichts gerät in Vergessenheit.
Ebenso weiß der Anständige und Ehrenhafte um den Zeitlosen (die Zeit überdauernden) Wert, von Rechtschaffenheit, Respekt und Liebe usw.
Jener der sich Selbst geschaut hat, dass seine Person-Identität nur eine Ansammlung von Informationen ist, nach denen er sich definiert, die er Ausprägt und auslebt. In Resonanz zu seinem Umfeld geht und dort die Wahrnehmung der anderen, die Bestätigung und den Austausch sucht usw....
Das alle anderen, auch nichts Anderes tun und sind und er sich

selbst, spiegelt in allem. So ist letztlich die Freude seines Gegenübers, seine Freude und dessen Trauer, seine Trauer. (Kurzfassung)
Worauf will ich hinaus:
Dass selbst der Mensch der scheinbar unangreifbar ist, Geld und Macht besitzt, nur dann Niederträchtig ist, wenn er es auch schon vorher war und dies nur ist, weil er ein Narr ist.
Niederträchtig sind nur jene, deren Geistig – Emotionale Intelligenz Unreif ist.
Liebe Grüße an die NWO u. Co. (glaube für die Blutlinien und Reptos gelten andere Maßstäbe…?)

Ein halbwegs ehrenhaft, demütig, liebevoller Zeitgenosse, bedingt zu einem gewissen Grad, ein Fundament an Erkenntnissen, das auf geistig – emotionaler Selbstschau und Intelligenz gründet.
Ansonsten unterläuft, selbst der wohlwollende Inkarnierte, der Gefahr, sich selbst und somit auch andere zu täuschen, durch sein fehlendes Vermögen zu verstehen, worauf seine Ansichten und Triebkräfte gebettet sind.
Die Entwicklung des Bewusstseins, bringt einem Stück für Stück zum Bewussten – Seins und somit, zum Verstehen mannigfaltiger Vorgänge in uns und im ganzen Universum.

Stelle man sich vor,

es würde einen sein Leben lang, ein Wesen beobachten, das von einem die Vergangenheit genau so kennt, wie alle Möglichkeiten, einer etwaigen Zukunft.
Ein Wesen das Gedanken und Gefühle genau so klar wahrnimmt, wie wenn du durch ein Glas blickst und siehst, welche Flüssigkeit sich darin befindet.
Ein Etwas, das das tiefe und das seichte, in deinen Gedanken, Motivationen, Emotionen, Begierden und das was dahinterliegt, erkennt.
Ein Wesen, das immer an deiner Seite ist, deine Worte genau so hört, wie es dein Handeln sieht, sowie es deine Gedanken hört und die Farben und Formen deiner Emotionen wahrnimmt.
Wenn du vor diesem Wesen, jederzeit Rechenschafft ablegen kannst, hast du eine leise Ahnung davon, was Ehre ist.
Zumal ein solches Wesen, immer an deiner Seite ist, sowie du etwas dergleichen, in dir vorfindest. Es könnte sogar sein, das du Menschen begegnest, für die du auf diese weiße Durchsichtig bist.

Wesen - Zeitgeist

Man kann die Zeit vielleicht nicht zurückdrehen, doch man kann die Fehler der neuen Zeit erkennen.
Existenz kann sich jegliches Gesicht aufsetzen und sich hübsch kleiden, doch hinter der Maske und der Fassade, wird sichtbar, was dieses Dasein Leid hinterlässt, und durch Ignoranz und Naivität schürt.
Jeder Mensch fristet sein Dasein und unterläuft Prägungen. Doch nicht sein Umfeld sollte einen Menschen beherrschen, er sollte sich selbst beherrschen. Und insofern jener sein Potenzial erkennt, seine aufgesetzte Persönlichkeit klären und reinigen; seinen Körper – den Tempel seiner Seele reinigen; seinen Lebensraum transformieren und Anpassen, an seine neue Form und des Ausdrucks seiner Existenz.
Ein jedes Tier hat seinen bevorzugten Lebensraum. Ein Mensch wiederspiegelt jedoch, auf den Pfaden die er im Leben beschreitet, sein Wesen.
Zum Beispiel lebt ein Schamane anders als ein Geschäftsmann; ein Veganer anders als ein Fleischesser oder Lichtköstler.
Wissen und Weisheit schadet nur dem, der diese nicht hat, und niemand kann der Wahrheit entfliehen, wenn er diese für sich erkannt hat. Sicher, Wahrheit kann auf verschiedenen Ebenen anders sein. Doch je tiefer die Ebene der Existenz, desto klarer wird diese. Auch wenn dies, jedem selbst überlassen bleibt, jene zu deuten.
Und so wie sich das Wesen der Menschen verändert, so verändert sich, dass Wesen der Zeit – der Zeitgeist.

Träumender Wolf

Gerade bei seinem Streben nach Glück, geht der Mensch ständig Kompromisse ein, die die eigentlichen Träume und Wünsche verzerren und auslaugen, die Zuversicht langsam schmelzen lässt, und das erhoffte Glück immer bescheidener und kleiner ausfallen lässt.
Ja wir sind viele, und die Umstände und Begebenheiten Sätzen einem zu, doch ich frage mich selbst: „Warum diese scheu vorm Träumen; diese Angst vorm Fallen und Sterben; warum erlauben wir uns nicht, genau das wonach es uns dürstet?"
Wer nicht das derzeit Allgemein geltende möchte, wird auf „ungepflasterten, nicht gesicherten Wegen" schreiten müssen, und sich so in eine ungewissere Gefahr begeben.
Wenn der suchende einsame Wolf, die tristen Jagdgründe und sein verkümmertes Rudel verlässt, kann er auf seiner Wanderschaft verhungern. Doch es sind auch schon andere, vor ihm aufgebrochen, und wenn er sie findet, wird er ein neues Rudel haben, aus wahren Wölfen, die ihren inneren Frieden auf einem weiten fruchtbaren Land gefunden haben.
Weil sie sich ihr Paradies erträumt und erkämpft haben, und nicht dabei zusahen, wie ihre Träume vor ihren Augen verwelken wie Blumen.

Bewusstsein – sich seiner Bewusst Sein, im Dasein – da Sein

Wohin der Mensch auch seine Aufmerksamkeit richtet, dort entsteht unbewusst oder bewusst, eine Resonanz mit dem Objekt seiner Zuwendung. Indem der Mensch in Resonanz zu seinem Umfeld geht, durchläuft er, ständig verändernde Zustände.
Wenn er eine Tätigkeit verrichtet; auf etwas blickt oder an etwas denkt; wenn er etwas konsumiert oder isst usw. immer dann, durchlaufen wir irgendwelche sich ständig verändernden Zustände – Daseinszustände – Bewusstseinszustände.
Jeder dieser Daseinszustände eröffnet uns Zugang zu Qualitäten. Doch findet sich das „ich", Bewusstsein im Dasein ein, also werde „ich" mit einbezogen, wobei die Form(Information) des Daseins auf mich abfärbt.
Ein gutes Beispiel dafür, ist die Nahrungsaufnahme, je nach dem was ich esse und konsumiere, wird die darin gespeicherte Information, auf mich übergehen. (Ein Leben für ein anderes Leben.)
Jegliche Aufnahme, ist ein Übergang von Information (In Form) in den geistig, physischen Organismus.
Auch unbewusst findet das in Resonanz gehen mit seinem Umfeld statt, weil man verschiedenes aus seinem näheren Umfeld, Aufnimmt und somit Abspeichert bzw. davon Geprägt wird, und einem das Umfeld oftmals das vorspielt, von dem wir in der Vorstellung annehmen, es sei „Normal". Zumal auch ständig eine Feinstofflicher Austausch mit seinem Umfeld und den Menschen darin stattfindet. Somit werden wir Maßgeblich von unserem Lebensraum beeinflusst, und wir passen uns natürlich an, was uns verändert. So wie wir durch unser Einwirken, das Umfeld verändern.
Man könnte sich auch vorstellen, dass wenn das Bewusstsein auf etwas blickt, das das Dasein zurückblickt, bzw. wenn ein Bewusstsein auf ein anderes blickt. Oder das Dasein einwirkt auf das Bewusstsein.

Solche Vorgänge können Bewusst oder Unterbewusst stattfinden. Abgesehen davon, geht das Bewusstsein mit dem Dasein genauso um, wie mit sich selbst, also ist letztlich, alles eine Frage des Bewusstseins.
Dasein und Bewusstsein bedingen einander.

Am Anfang, vor der Zeit, war die Quelle – das Eins, die Einheit. Bewusstsein ist eine Abkoppelung, aus dieser Existenzebene.
Da sich das Bewusstsein, seiner Selbst bewusst geworden ist – Bewusst sein; findet es Sich, im Sein ein.
Das Sein ist das Dasein – Da-Sein des Bewusst-Seins. Das Bewusstsein ruft durch sein sich Selbst erkennen und definieren, Projektionen hervor, die in der Wechselwirkung, sich auf das Dasein projizieren.
Das Dasein ist eine Folgeerscheinung des Bewusstseins. Sowie der Anfang und verlauf der Zeit, mit dem Vorhandensein des Daseins der Erscheinungen(Projektionen) beginnt. (die Vergänglichkeit)
Aus dem Geist (Bewusstsein) abgesetzte Informationen (in Form), die manifest gewordene Erscheinungen formen, bilden die uns Umgebende „Realität“, als ein Abdruck von Information im Sein.
Das sich definierende Bewusstsein, nimmt sich selbst in seinen Projektionen war, und wiederspiegelt (wiederfindet) sich im Traum (dem Wahrnehmbaren), den es selbst erschaffen hat.
So findet sich die Quelle (Gott – der Anfang), im Bewusstsein, sowie in allem was ist.
Das ausfließen aus der Quelle; ist der Fall aus der Einheit; der Verlust der Ganzheit.
Des Weiteren, verlor sich das Bewusstsein in seinem eigenen Traum.
Es brachte Begierden hervor, die sich auf das Dasein bezogen, wobei sich das Bewusstsein im Kreislauf des Leidens wiederfand.
Die Erscheinungen (Projektionen) die Ursprünglich, Feinstofflicher Natur sind, verdichteten sich, sowie sich das Bewusstsein ver-

dichtete und Materialisierte, um die Folgen seines Denkens, Fühlens und letztlich Handelns, in der Selbstschau zu erkennen.
Somit begann sich das Bewusstsein in seinem eigenen Traum zu Inkarnieren, um sich dort wiederzufinden.
In Beziehung zur Spiegelung, sollte es sich Selbst im Spiegel erkennen.
Der oder Die Inkarnierte (das Bewusstsein), findet sich im Sein – Leben ein, und kann im manifest gewordenen Dasein, in Kontakt und Beziehung mit sich und seinem Umfeld, Erfahrungen sammeln.
Durch die Erfahrungen, zu Erkenntnissen gelangen, und somit zu Weisheit und Geistig – Emotionaler Reife, und in der Weisheit zu sich Selbst, und in sich Selbst, den Anfang finden. (die Quelle-Gott)

Kapitel 4

Kompensieren

Wir Kompensieren das was wir wirklich wollen, mit Dingen die uns ablenken, oder überlagern unsere Träume und Wünsche mit Ersatzprogramme.
Der Mensch der nicht zur Ruhe kommt und in der Stille der Meditation in etwa, auf sich selbst blickt, und dabei seine eigenen Muster und Kompensationen aufdeckt, kann unbewusst, viele Dinge tun und auch fleißig sein, aber kann diese Ersatzprogramme gar nicht entlarven und glaubt über lange, er lebt sein Leben, so wie er es möchte.
Bei mir z.B. hatte es lange eine Berechtigung und war auch für mich mehr als Angebracht, dass ich viel lese, Vorträge gucke und auch meinen Körper trainiere, was ja auch gut ist.
Aber habe ich irgendwann nicht mehr bemerkt, das ich mit einem Übermaß an Training und der Ausbildung meines Wissens, nur mehr Kompensiere und unterbewusst vor mir selbst Rechtfertigen wollte, dass ich eigentlich nicht glücklich mit vielem bin, und eigentlich viel drastischer dem Begegnen sollte.
Der Mensch Kompensiert manchmal das was er wirklich will, auch mit etwas „Gutem", was ihn ablenken soll, den würde er wirklich tun was er möchte, müsste er vielleicht eine „Grau Zone" betreten, und auch ein gewisses Maß an Sicherheit verlassen.
Alle möglichen Vergnügungen, wie z.B. Computerspielen, Filme gucken, Essen, sich betrinken usw. können von uns als unterbewusste Kompensation verwendet werden, um uns innerlich zu verstecken, damit unser wahrer Wille nicht aufgedeckt wird.
Als ich in Stille und Selbstschau in meinem Orgonakkumulator gesessen bin, ist mir dies heute aufgefallen.

Die Wahrnehmung des Menschen ist permanent getrübt. Genauso wenig wie der Mensch im Dunkeln sehen kann, kann er den Schatten des Seins erkennen.

Wir können uns weder an vorangegangene Inkarnationen erinnern, noch den Geist der hinter uns steht erkennen.
Unsere eigene Mystik ist uns unbekannt, und wir verlaufen uns ständig im scheinbar Bewussten, doch sind durch unser unterbewusstes unterwandert.
Der Einfluss von allem um uns und in uns, schwappt hoch und ertränkt unser Selbst, und wir merken es nicht mal.

Dachte ich mal…:

Schon beschießen zu erkennen,
dass man nie gelebt hat,
sondern einfach nur da war.

Wenn man nicht mehr weiß,
was man vor der Nase hat,
weil man vergessen hat,
wer hinter den Augen hervor blickt.
…
Der Mensch sucht sein Leben lang nach Antworten.
Wenn er eine Antwort gefunden hat, die mit seinem Herzen im Einklang ist,
die tiefste Weisheit und Wahrheit wiedergibt,
sollte er den Mut und die Entschlossenheit aufbringen, dieser Antwort zu folgen.
Und nicht in Feigheit verharren und nach unzähligen weiteren Antworten suchen,
die nur dazu dienen, die eigentliche Wahrheit zu Trüben und hinten an zu stellen,
weil er diese nicht wahrhaben will.
Wenn es Zeit ist für Veränderung und zum Handeln, weil es der Ruf des Herzens verlangt,
und die Antwort im Geiste darauf pocht, dann gilt es, das Alte loszulassen und der Stimme ins ungewisse zu folgen.

Die meisten Menschen kriegen so wenig mit,
weil sie glauben, die Welt hört da auf,
wo ihr Geist seine Grenzen zieht.

Ein System unter der Herrschaft der Niedertracht,
unterwandert den Geist und verderbt die Herzen der Menschen und lässt diese degenerieren.
Ein Baum der auf verseuchtem Grund wächst, wird Spuren von Gift in sich tragen, sowie an seine Früchte weitergeben.
(Die Möglichkeiten Grenzen sich ein, und abhängig von diesen, unterläuft der Mensch, dem Willen der Regierenden. Doch wer den Rahmen des Systems nicht verlässt, wird dazu gedüngt, genau diesem zu Folgen. …Bankensystem, Kapitalismus – Finanzfaschismus usw.)

Unter dem Himmel und im Licht der Sonne, finden wir uns alle wieder. Und so wie uns das Licht umgibt und bei Nacht die Dunkelheit umhüllt und durchdringt, genauso umgibt und durchdringt uns auch das, was sich darin befindet – bindet uns ein und wir sind eins damit.
Wenn ich auf einen Flecken Erde bin, kommuniziere ich mit diesem und allem dort und darin, merklich oder unmerklich – bewusst oder unbewusst.
Und so wie ich die Landschaft betrachte – die Vögel sehe und höre; das rascheln der Vegetation und das knacken der Bäume wahrnehme; den Duft der Blumen rieche und den Wind spüre, so betrachtet die Landschaft – das Licht, die Tiere und Pflanzen, sowie die Geister und das Sein, auch mich.
Wenn ich unter – mit Menschen bin, färben sie auf mich ab, und ich auf sie.
Wenn ein Klang ertönt, schwingt er durch alles hindurch, so wie wir.
Doch die Schönheit und der Schmerz des Seins, will nicht alleine sein.

Der Mensch will sich Entfalten und Aufspalten und in allem Sein.
Erleuchten und im Lichte sein.

Im Sosein wirft sein Bewusstsein ein Licht auf das Dasein, und durch das Licht entsteht Schatten.
Im Schein des Seins des Betrachters, fließt die Zeit im Vergehen mit ein.
Und so kann das Sein im Wandel, nicht beständig sein.

Was am Anfang entstand, war Yin und Yang.
Erscheint in allem und zieht sich an.
Doch vor dem Anfang war die Liebe,
die auch Yin und Yang zusammenführen mag,
damit wir wieder Eins sind.

Kompensieren 2

Der Mensch Kompensiert sein Dasein ständig.
Unzählige Tätigkeiten, werden zu Gewohnheiten die auf Dauer den Status „Normal" einnehmen. Das Kompensieren webt sich in die vom Menschen angenommene Persönlichkeit ein und verfärbt den Charakter.
Überlagert seine innere Weisheit, und er verliert den Zugang zu seinem Potenzial.
Schicht um Schicht, wird durch die Kompensationen die Stimme der Intuition immer weiter in den Hintergrund gedrängt, bis der Mensch den Instinkt seiner Seele, der ihn zu seinem Glück führen soll, nicht mehr wahrnimmt.
Somit verliert sich der Mensch noch mehr im Kompensieren, weil ihm das Wahrhaftige abhandengekommen ist.
Der westliche Lebensstyl ist ein Paradebeispiel, für Seelen, die noch immer in ihrer Pubertät feststecken.
Natürlich drückt sich das bei jedem Menschen etwas verschieden aus. Doch wir alle Kompensieren oftmals vieles beim Essen oder indem wir uns mit Tätigkeiten oder Dingen auseinandersetzen, von denen wir glauben, dass sie für uns Wichtig sind und diese nur als Ersatzbefriedigung veruntreuen. Auch Sport kann als Unterdrückung der inneren Stimme herhalten. Wenn wir Angst haben, das zu tun, was uns eigentlich Glücklich macht, oder wir dazu zu bequem sind, oder, oder, oder ... immer dann beginnen wir, zu Kompensieren.
Wir Kompensieren und unterdrücken damit oftmals unsere Gefühle, oder drängen aufkeimende Gedankengebäude in den Hintergrund.
Wir Kompensieren Wahrheiten oder Ängste, weil wir uns damit nicht auseinandersetzen wollen, verdrängen diese, und verstecken sie hinter etwas Anderem.
Aber das Spiel läuft nun mal so, das umso mehr man von seinem

Innersten freischaltet, umso mehr gelangt man, auf die Pfade des Glücks.
Einfach gesagt: „Man Lebe sein Leben und lasse sich nicht beirren."

Irrsinn – Niedertracht – Streben nach Glück

Man kann ja so viel Missverstehen in der Welt, das ist wirklich erstaunlich.
Der eigene Grad des nicht Verstehens, bestimmt das Ausmaß seines Irrsinns.
Und ist der Blick getrübt, ist die Wahrheit in der Klarheit verborgen.
Individuen die ständig, Gewinn und Verlust abwägen und materialistische Werte berechnen, und für ihren Gewinn auch Niedertracht in Kauf nehmen, sind sehr begrenzt in ihrem denken. Ihr streben bezieht sich auf ihr physisches Dasein, das gerade mal hundert Jahre währt, wenn es gut geht, abgesehen davon, können sie jederzeit sterben. Dennoch nehmen sie in Kauf, durch ihre Niedertracht, Leid zu schüren, Gift zu verbreiten und Inkarnationen zu zerstören. Doch hat eine Seele nur ein Leben zu verlieren, auf einem Planeten der seit unzähligen Jahrtausenden währt, in einem unendlichen Universum. Und die Niederträchtigen sind sogar so vermessen, die Erde – ein Leben, das weitaus komplexer und gewaltiger ist als sie, zu vergiften. Obgleich sie vieles Verdrängt haben und somit ihre Geistig – Emotionale Weisheit zurückgedrängt haben, ihr erleben damit begrenzt haben, übersehen sie gänzlich, wie viel mehr Verlust, ihnen die Niedertracht bringt und wie viel mehr Schmerz sie über ihr jetziges Dasein hinaus, sie verursachen.
Irrsinn kann fatale Folgen haben, streben doch alle nach Glück.

Wasser und Licht

Blut der Erde – Geist des Universums
Wasser trinke ich, Sonnenlicht esse ich. Wasser und Licht lässt Pflanzen wachsen, die die Tiere essen; selbst wenn Tiere, Tiere verspeisen, sind es doch die Pflanzen die dem Tier leben gaben, das ein anderes isst, und Wasser und Licht, die die Pflanzen wachsen ließen. Somit isst auch der Fleischesser, letztlich Licht.
Am Anfang waren wir Menschen reiner Geist, ähnlich dem Licht. Doch das aufkeimen von Bewusstsein (Bewusstem Seins – Aufspaltung des Eins) gebar Begierden, diese verursachten eine Rückwirkung im Schwingungsfeld, und in ihrer Grobheit, spiegelte der Geist, diese auf das Dasein. Das Bewusstsein war gedüngt, sich zu materialisieren und so kam eines zum anderen.
Das Bewusstsein lebt vom Licht („dem Geist der Quelle"), doch mit der zunehmenden Verdichtung, vom feinstofflichen ins grobstoffliche – dem Fall des Menschen (Inkarnieren) aus dem Himmel (Geist – Licht), auf Erden (Grobstoffliches Dasein), „verwurzelte sich auch der Mensch auf festen Grund".
Zu Beginn aß der Mensch nur Pflanzen und Früchte – die Gaben der Erde (aus dem Boden). Doch die Begierden wurden stärker und der Mensch immer Grobschlächtiger, worin er Anfing auch das ihm ähnlichere Leben – die Tiere zu Schlachten und diese zu essen, sowie die Menschen anfingen, sich auch gegenseitig aus Neid, Streit usw. zu töten.
Sowie alles was wir in der Welt vorfinden, mit den Gedanken und Gefühlen der Menschen, seinen Anfang nimmt, so wiederspiegeln sich diese auf Erden (dem Dasein).
Somit ist die „Lichtnahrung" und der Weg des „Lichtsäugers", die Rückbesinnung zum Anfang und ein Schritt, zu einem subtileren, feinstofflicher Geprägten Dasein.
So ist meine Theorie. Wobei ich auch die Sichtweise der Präastronautik teile, ist noch so manches Rätsel nicht Enträtselt.

Horizont

Man fragt sich oft, was man vom Leben will?
Bzw. was das Leben von einem will?
Dabei sind einem nur durch den eigenen Horizont Grenzen gesetzt.
Es gilt bemüht zu sein, diesen zu erweitern und zu vertiefen, damit sich auch die eigene Vorstellungskraft zunehmend damit ausdehnt, man immer mehr durchschaut und vieles klarer wird.
Wenn dies getan ist, gilt es seinen Traum wahr werden zu lassen.

Spiritualität ist Wesentlich, weil sie zum Anfang – Ursprung zurückführt.
Der Ursprung webt sich in den Folgeerscheinungen ein, und wer den Anfang eines Geflechtes nicht erkennt, versteht die Zusammenhänge nicht.
Wer aber nicht auf den Grund durchblickt, verliert sich an der Oberfläche, und übersieht, was in der tiefe lauert. Das kann zum Auftauchen von so manchem Verhängnis führen, das einem zu verschlingen droht.
Im Geringsten, werden wir von Leid geplagt, im schlimmsten, endet es mit dem Tod. Was uns wieder auf den Grund sinken lässt, ohne diesen ergründet zu haben. So durchlaufen wir wieder den Kreislauf des Leidens, bis wir alle Tiefen erkundet haben.

Innen – Außen – Bewusstsein

Je nachdem, wie sich ein Mensch ernährt, oder was er konsumiert, Synchronisiert er sich mit dem Dasein.
Wenn wir unsere Aufmerksamkeit auf eine Information richten, gehen wir damit in Resonanz.
Wir stimmen uns auf die Frequenzen ein, und bewegen uns in dessen Schwingungsspektrum, indem wir uns damit Synchronisieren, nehmen wir die Informationen auf.
Das Bewusstsein sendet ständig Signale ins Außen. Solange wir das Innen nicht verändern, wird sich auch das was wir im Außen vorfinden, für unsere Subjektive Betrachtung, nicht verändern und sich dieser anpassen.
Unser Bewusstsein, verbindet die Erscheinungsformen miteinander.
Wie wir sie Wahrnehmen, so zeigen sie sich auch.
Diese Kraft, die Dinge je nach unserer Wahrnehmung zu verändern, ist die Kraft des Bewusstseins.

Was füllt Raum und Zeit aus? Das Bewusstsein das Informationen (Gefühle – Gedanken) abgibt, die Erscheinen und zu Form werden und vergehen.
Wir machen viel zu viel Unterschied, zwischen dem, was wir uns innerlich Vorstellen und dem was wir in der Welt vorfinden. Vor Angst, weil ja alle möglichen Projektionen die Welt beheimaten, unterdrücken wir unsere eigenen aufsteigenden Gefühle und Gedanken ströme, weil wir glauben, die vorhandenen Erscheinungen (Projektionen) könnten unsere verdrängen.
So beginnen wir in Selbstzweifel, ihnen in uns innerlich schon keinen Raum zu geben, wie sollen sie da Raum in der Welt finden. Zumal, wie soll uns die Welt annehmen, wenn wir uns selbst nicht annehmen, wie wir sind.

Angst drängt zurück – Offenheit befreit, und öffnet den Träumen die Türen.

„Wenn ich mich öfter in einen selektiven Geistig – Emotionalen Zustand begebe, werde ich von diesem eingefärbt, und ein jedes Mal hinterlässt dieser, seine Spuren in meinem Wesen zurück."

System – Rollenspiele

„Wer wie ein Rädchen in einer Maschine, eine Funktion im System einnimmt, wird in seiner Funktion, wie zu einem Gewissenlosen Roboter (Teil der Maschine), deren Schmiermittel Geld, sowohl uns am Laufen hält, wie den Motor – das System.
Die verschiedenen Teile des Systems, begegnen einander, oftmals nur mehr in ihrer Funktion, und der Stellenwert wird anhand dieser beurteilt. Anhand der Rechtfertigung seiner Funktion im System, kann der Mensch, alle möglichen ausreden finden, um Leid zu billigen, weil er ja nur seine Funktion ausgeführt hat.“

Jedes Tier hat seinen Platz in der Natur, doch wo ist des Menschen Platz…
Diese Freiheit offenbart einen individuellen Sinn genauso, wie einen höheren Sinn.
Intuition ist der nicht zwingende Instinkt des Menschen, durch dessen Führung, zeigt sich der höhere Sinn schrittweise, der auch immer individuell ist.
Übermannt vom weltlichen Dasein; mangels an Entschlossenheit; übermäßiger Trägheit; Angst oder einfacher Verblendungen anheimgefallen usw. …, beginnt der Mensch sich in seinem Dasein, unentwegt Kompensationen hinzugeben, die seinen Geist und sein Herz stillen sollen.
Die Leere in sich – der fehlende Sinn, lässt den Menschen gleichgültig und willkürlich voranschreiten.
Sein Herz von Begierden geflutet, und sein Geist von verlangen überflutet und verstopft.
Bis hin, ihn der Irrsinn in seiner Verblendung glauben lässt, das Liebe ist, wo nur Abdrücke von Ausdrücken in Äußerlichkeiten herrschen, denen man sich hingezogen fühlt. Faszination ihn leitet, die seiner Sehnsucht entsprungen, ohne innerer Weisheit, ihn zu falscher Liebe und in den Kreislauf des Leidens führt. Ohne einen Anteil an Intuition, ist der Mensch verwirrt in seinem Sein.

Helden

Die meisten Menschen suchen sich irgendwo einen Protagonisten, in einer Geschichte oder einem Film zu dem sie aufschauen können, und mit dem sie sich identifizieren. Denn durch das Aufsehen und hineinversetzen erleben sie Abenteuer, die ihnen ihr echtes leben nicht bittet.
Letztlich schwimmen sie dann jedoch doch, den Großteil ihres Lebens in der Masse und berufen sich auf ein paar Ereignisse in ihrem Leben, wo sie ein Erlebnis hatten für einige oder kurze Zeit. Häufig wechseln sie auch den Protagonisten um neue Abenteuer zu erleben, bzw. um durch ein neues „Fenster" ihrer Fantasy zu blicken, und die Realität damit „einzufärben."
In alledem sehe ich auch viel Gutes, den in der Betrachtung(Aufm erksamkeit), liegt auch ein inneres streben; sich verbinden; ein sich strecken nach etwas. Doch wer im sich danach strecken verharrt, weil er die Position des reinen Betrachters einnimmt, wird niemals das berühren, wonach er sich sehnt. Es wird Teil seines Lebens, doch nicht sein Leben.
Ein jeder Mensch, ist der Held seiner eigenen Geschichte; manchmal treffen sogar mehrere Helden aufeinander, und schreiben(machen) gemeinsam Geschichte.
Dabei ist wichtig das wir zu uns selber stehen, und danach woran wir glauben und streben, und auch bereit sind, dafür zu kämpfen und Opfer zu bringen. Den nur so, können wir wahrhaftig erleben, wonach es uns dürstet, und nur der werden, der wir sein wollen.
In der Fantasy steckt das Potenzial unserer Möglichkeiten.
Unser Streben könnte sein, ein Teil der Erde zu sein, indem wir voll und ganz wir selbst sind.
(he, he, versuche es selbst hinzukriegen, blablaba…)

Nachdenken

Ich will gar nicht damit anfangen, die weltweit umfassende Betrachtung zu beschreiben. Vielen Menschen fällt schon mal vieles nicht auf in ihrem Umfeld, weil sie Vorgänge nicht erkennen und durchschauen bzw. auch in sich selbst nicht verstehen. Im stetigen bemühen hinter die Sichtbare Welt zu blicken, und deren Ursprünge auch im Menschen und darüber hinaus zu erkennen, tritt eine veränderte Anschauung der Wirklichkeit zu tage.
Im Streben und der Zuwendung die Menschliche Psyche, den Geist und die Emotionen zu verstehen, sowie die Wurzeln seines Geistes und dessen Sinn und damit seinen eigentlichen Daseinszweck entschlüsseln zu wollen, erschließt sich eine umfassende Betrachtung. Psychologisch, Philosophisch, Theosophisch, Spirituell und auch all dies mit der Wissenschaft dem Verstand greifbar zu machen, eröffnet unzählige Erkenntnisse, und Wissen schadet nur dem, der es nicht hat. Immerzu darum bemüht, die eigene Unwissenheit nicht mit Verblendung und irrtümlichen Überzeugungen und Ansichten auszugleichen, zeigen sich doch Einsichten und Weisheiten sowie auch fundamentale Wissenschaftliche Errungenschaften durch ihre abschließende wahrhaftige Gültigkeit im Leben und somit in ihren anwendbaren Erfolgen.
Indem man sich selbst besser verstehen lernt, lernt man die anderen Menschen und die Vorgänge in der Welt besser verstehen, das heißt, die Täuschungen nehmen ab.
Man täuscht sich oft selbst, z.B. glaubt man an Liebe, wo Verliebtheit und Begierden einen unterwandert haben. Oder lässt sich von Darstellungen – Äußerlichkeiten hinters Licht führen, weil man die Innerlichkeit – den Grund und die Zusammenhänge, die zur Veräußerung führten nicht erkennt. So täuscht einem das sichtbare an der Oberfläche, weil man das was in der tiefe verborgen ist, nicht erkannt hat.
Man lernt sich selbst, Menschen und weltliche Konstrukte bes-

ser zu durchschauen, wenn man auch nie auslernt. Was die Welt betrifft, gilt es der Wissenschaft ständig auf den Zahn zu fühlen, denn es treten ständig neue Erkenntnisse auf, was Vergangenes überholt.
Obgleich die Geistes Wissenschaft nichts entdecken kann, was man nicht auch in sich selbst entdeckt, ist sie doch überaus hilfreich. Wenn man ein gewisses Maß, und dieses Maß erkennt sich selbst, wenn die Intuition herangereift ist, an Selbsterkenntnis und Weltschau erlangt hat, gilt es das zu tun was man will.
Um zu erkennen was man wirklich will, braucht man nun mal Intuition und darf sich nicht nur von Oberflächlichen Begierden leiten lassen; zudem gilt es das weltliche zu einem gewissen Maß zu verstehen, damit man seine Möglichkeiten erkennt, und auch sein Potenzial versteht.
Ich glaube die Herzens-Haltung – Geisteshaltung ist entscheidend.
Wie viele Menschen bauen ihr Leben auf Irrtümern auf?
(ich schreibe nur beim Denken, will nicht behaupten ich verstünde „viel“)

Der Zustand dieser Gesellschaft:
„Wir sind kollektiv Spielsüchtig, in einem total destruktiven Spiel.“
Harald Kauz-Vella
„Ein Stachel im Fleisch der Menschheit ist, dass das Geld über allem thront.“

Wandel ist der natürliche Zustand von allem das Lebt. Aber die Seele (Geist-Herz) bleibt, und so auch die Erscheinungen die sie hervorbringt. Ein Gedanke oder ein Gefühl mag verblassen, doch, wenn man daran „festhält“ diese verinnerlicht, werden sie nicht nur das Gesicht und das Erleben des Menschen verändern, sie werden

zu einem Bestandteil des Astral und Mentalkörpers des Menschen, der sein physisches Dasein überdauert.
Sie werden den Menschen in seinem jetzigen Leben genauso in der Feinstofflichkeit begleiten, wie in der Welt danach. Und wenn der physisch sichtbare Mensch stirbt, ist er wie die Feinstofflichkeit, und umgeben von alledem, das er Zeiten seines Lebens um sich herum hervorgebracht hat.
Gedanken und Gefühle werden ungefiltert und klar zu seiner Realität, Wesenheiten die einst für ihn unsichtbar waren, werden seine „Nachbarn" sein. Zu seinen Lebzeiten hat der Mensch diese „Nachbarn" selbst gewählt.

Jede Fantasy ist oder war, immer schon Realität in dieser oder einer Parallel Dimension, vielleicht auch in einer etwas abgewandelten Form.
Wir erschaffen uns eine neue Realität Tagtäglich rund um uns, dort treten feinstofflich unsere Gedanken und Emotionen in Erscheinungen auf, die Signale abgeben und Informationen Ausdrücken, die in Resonanz mit unserem Umfeld gehen und dort ergeben sich Synchronizitäten bzw. ziehen wir das an, was wir Aussenden. In der Raum – Zeit tritt die Auswirkung unserer Geisteshaltung dann zumeist in Verzögerung auf.
Aufmerksamkeit und Zuwendung zeugt im Laufe der Zeit davon, wie wir unsere Realität gestalten. Wenn es nur uns Selbst betrifft, können wir sogar in gewisser Hinsicht die Gesetzmäßigkeiten aushebeln, doch ist unser Bewusstsein in seiner elementaren Kraft, auch nur eines von vielen. Wenn aber mehrere Bewusstsein ihre Aufmerksamkeit auf etwas Richten, bekommt dies Kraft und Bedeutung in der kollektiven Wirklichkeit.

Paar Informationen:
Charles Webster Leadbeater (Erklärung der Zwischenwelten, Er-

scheinungen – Wesenheiten, Gedankenformen usw.)
Kirlian Fotografie (Aura sichtbar)
Morphogenetische Felder(Sheldrake) (Bewusstseinsfelder – Archetypen usw.)
Dr. Masaru Emoto (Auswirkung von Gedanken u. Emotionen auf Wasser) – Prof. Dr. Ing. Bernd Kröplin (Die Welt im Tropfen)
Prä Astronautik (Reinhard Habeck, Klaus Dona, Axel Klitzke, Erich von Däniken)
Philadelphia Experiment – Montauk Projekt (Zeitreisen – Dimensionen) – Untersberg(Salzburg) oder Bermuda Dreieck
KI Körperintelligenz - und das Geheimwissen der Großmeister
Quantenphysik (Information – was ist Materie)

Spiritualität ist das Leben

Jeder Gedanke und Emotion bittet dem Geist Platz.
Der Geist nimmt dessen Form an, ergießt sich in das Gedankengebilde (Konzept) oder die aufwallenden Gefühle.
Es gibt keinen Unterschied zwischen Körper und Geist, solange wir auf Erden leben. Und genauso wenig gibt es einen Unterschied, zwischen der ursprünglichen formlosen, leeren Natur des Geistes, und den Gedanken und Emotionen die dieser füllt.
Denn wir sind all das!
Beleben es, und bringen es hervor. Das ist es, was wir Leben nennen!
(Oder habt ihr jemals, eine Abspaltung von Körper u. Geist auf Erden gesehen >das ist nicht Gesund<, oder jemanden der nicht seine Gefühle und Gedanken ist, denn der Geist „isst“ Gedanken u. Gefühle. Und so ist Spiritualität auf Erden, das Leben.)
Bewege ich meine Hand, ist mein Geist darin, und führe ich diese, ist dies Spiritualität. Spreche ich, ist mein Geist in den Gedanken und Emotionen, die ich damit zum Ausdruck bringe, und so ist dieser in meinen Worten.
Wenn ein Mensch stirbt, ist er oder sie Geist, so wird von da an, kein „Puffer“-Körper mehr da sein, durch den sich die Gedanken und Gefühle ausdrücken, darum werden diese sich direkt Ausdrükken. Und der Geist wird noch stärker erfahren, dass dieser all das ist, was aus seinen Gedanken und Gefühlen entsteht.

„Der Kern von allem ist, dass man nicht so sehr den Tod fürchtet. Sondern die Nichtigkeit – das nicht Sein, das ganz Buchstäblich damit verbunden ist. Liebe zu verlieren; Bedeutungslos zu sein; sich zu erweisen als etwas, auf das es nie angekommen ist, dass man wegblasen kann, wie die Asche. Davor haben die Menschen Angst.
Jedes Säugetier eigentlich, schon jedes Kätzchen, jeder Hund,

möchte irgendwie ein gegenweb haben, das eine Welt bildet, indessen es sich einordnen kann und so wir Menschen auch. Die Religion wird nötig, dass sie uns Versichert in einem Punkt, der weder in der Natur noch in der Gesellschaft wirklich klar vermittelt wird. Um es deutlich zu sagen, der Natur sind wir tatsächlich egal. Sie hat uns ermöglicht, aber nie wirklich gemeint – die Evolution ist blind.

Das Entscheidende ist, das die Natur keinen Willen hat, der auf uns abgezielt hätte, für die Natur ist unsere Existenz, wie das sich heben und wieder verschwinden einer Welle, in der Weite des Ozeans…“

Eugen Drewermann

Kapitel 5

Glaube – Beziehung

Die „Enttäuschung“ ist – das „Ende der Täuschung“, dass die „Vorstellung“ die man von etwas oder jemanden hat – immer das eigene „Davor stellen“ beinhaltet.
Das jegliche „Beziehung“ zu Dingen oder Menschen – das in „Bezug“ gehen, von seinem Bewusstsein (sich seiner bewusst-sein), zum Dasein (da-sein) bezieht. Das „Beziehen“ steht in „Bezug“ – also zieht meine Energie zum Menschen oder Ding zu dem ich eine „Beziehung“ pflege.
Was nicht schlimm ist, doch bedeutet dies, dass meine Energie immer dort hinfließt, worauf ich meine Aufmerksamkeit richte und wenn ich zu Etwas z.B. eine „Beziehung“ habe, tut sie dies unaufhörlich.
So können Menschen von Dingen beherrscht werden.
Doch auch liebe in der gegenseitigen – gemeinsamen Beziehung erleben.
Ebenso kann ich mich auf eine Überzeugung, eine Ideologie, Glauben, Wissenschaft, Atheismus usw. beziehen, doch diese Glaubensmuster und jetzt Vorsicht! – beziehen mich ein.

Dumm oder nicht

Dummheit ist nicht wenig wissen,
auch nicht wenig wissen wollen,
Dummheit ist glauben, genug zu wissen.
(Konfuzius)
Das würde bedeuten, dass der der glaubt, er hat genug wissen,
nur mehr wenig bis nichts wissen möchte,
also wenig wissen hat.
(Kurogane)
Unterstelle niemals Bösartigkeit, wo Dummheit als Erklärung ausreicht!
Doch kann auch Niedertracht aus Dummheit gedeihen.
(Kurogane)
Und wer sich jetzt für Schlauer als ein Dummkopf hält, ist selber einer,
denn alles was einen dummen Menschen ausmacht, war auch der Anfang eines Schlaumeiers, bzw.
fordert Intellekt, Weisheit und Besonnenheit lebenslange Übung und lernen.
Zumal, Geistig – Emotionale Intelligenz vonnöten ist, um das zugrundeliegende Streben das hinter allem Steckt zu verstehen und die Essenz dessen zu erlangen, Glück – Freude – Liebe.

Im Schatten unserer Bewusstheit

Des Bewusstseins Aufgabe ist, das Umfeld und alles mit dem man darin zu tun hat, genauestens zu betrachten. Den Wo Schatten als ein inhärentes Prinzip vorhanden ist, wird dieser immer zum Vorschein kommen. Ob er sich im ansteigenden Alter durch Krankheit zeigt, oder sich auf einen anderen Lebensabschnitt verlagert, das Karma schwindet nicht, den bewusst vollbrachtes Leid, verblasst nicht einfach mit der Zeit.

Virtualität in Spielen oder im denken

(Erkennen – Erwachen – Verändern)
Etwas Erkannt zu haben, heißt nicht, es für sich verändert zu haben.
NICHT, in der Virtualität des Bewusstseins verharren.
Widerstand – ich Widerstehe dir.
Völlig gleich wie schön die Fantasy – das Spiel – das Leben als Protagonist in einer virtuellen Welt ist.
Kein Schritt wird dort mit den eigenen Füßen getan, keine Umarmung ist echt und kein Kampf ist wirklich.
Die wahre Schlacht, findet auf Gaia statt. Durch unsere gelebte Geisteshaltung, als der/die wir sind.

Lasst euch nicht täuschen, wir haben die Welt noch lange nicht durchschaut. Jeder Blick ist getrübt, jeder Geist verwässert und jedes Herz verstopft. Wir kennen weder die Vergangenheit der Menschheit wirklich, unsere Ökonomie ist selbstzerstörerisch und fernab des vorhandenen Potenzials, sowie auch das Bewusstsein selbst, sich und sein Potenzial kaum verstanden hat (oder habt ihr euch schon selbst entdeckt). Jedes Wesen fühlt die Welt durch sein Herz, sieht sie durch seine Augen, und kann alles darin, nur auf seine Art verstehen.
Der Gedanke und die Gefühle fließen aus uns, schlagen Wurzeln und bilden Formen (Information). In der Astralwelt/Mentalwelt gibt es kaum etwas, das nicht Realität ist, diese Dimensionen durchdringen die Materie, wie unser Geist den Körper durchdringt.
Jeder verändert sich ständig, unsere Ansichten, Gefühle und Vorstellungen usw. und der Wandel ändert die Wahrnehmung, im Werden und Vergehen, haben wir unsere Geburt miterlebt und wir werden unser Sterben miterleben, wie unsere Ahnen. An diesen Punkten ändert sich unsere Wahrnehmung ausschlaggebend, doch

vergessen wir, wie wir vieles vergessen haben, was vor 10 Jahren war.

Eigentlich sind wir immer genau richtig, wie wir gerade sind und so wie wir sind, niemand ist wirklich verkehrt, falsch oder richtig. Je Subtiler das Wesen, desto kraftvoller und unverfälschter erlebt es das Dasein (Da-Sein) seines Bewusstseins (sich Seiner bewusst sein).

Was so wichtig ist zu verstehen, ist man kann nichts verlieren, es kann sich nur transformieren. Es gibt viele Ebenen des Erfahrens von Glück oder Liebe. Aber klar und rein, sollte der funkte der Schöpfung doch angenommen am besten schmecken.

Ehre – Ehrlichkeit – Wahrhaftig

Das Ende aller Irrtümer, ist das ausschwemmen mit der Ehrlichkeit in allen Aspekten eines Sachverhaltes, und somit das Absätzen der Wahrhaftigkeit auf dem Grund und damit das auflösen des Irrtums und das Ende der Täuschung.
Das beste Lebens Prinzip ist eine Enttäuschung = ist kein Prinzip das für alle gilt. Weil nur wenige zu größerem Verständnis fähig sind, und ihre Lebensfreuden auch gar nicht vereinbar sind, mit einer Liebe und Rücksichtnahme, die alle Wesen einschließt. Und auch der Verständnisvolle wird sich immer schwertun, den Rücksichtslosen zu lieben, wenn er oder sie mit ihm oder ihr konfrontiert ist.
Das morphogenetische Bewusstseinsfeld wächst als Ganzes mit einander verbunden. Und Verbunden sind wir immer, welchen Weg wir auch einschlagen und so Wahrhaftig dieser in seiner Essenz auch sein mag, sind wir doch immer ein Teil der Erde – ein Teil des Ganzen, und wenn das Umfeld nicht mitspielt, spielt man allein.
Ein Mensch dessen Freuden und Liebe anders „Tikken" braucht ein Umfeld indem sein „Tikken" auf Gleichklang stößt und ein Teil des kleinen Ganzen sein kann.
Zwei, drei, eine Familie – eine Gemeinschaft, wer Frei sein will muss autark und in einem demensprechenden Umfeld leben können. Wiederstand – ich Widerstehe dir, doch ständiger Wiederstand führt zu Konflikt und dieser erdrückt die Freude, darum autark und in einem respektierten Umfeld. (Es kann der frömmste nicht in Frieden leben, wenn's dem Nachbarn nicht gefällt.)

Gefangen im Glauben

Glaube ist alles. Man kann an alles oder nichts glauben. An ein System, Ideal, Vorstellung, Fantasy, Gerechtigkeit, Karma, Strukturen, sich selbst, Hobby, Interessen, Gier, Hass, Überzeugungen, Trägheit, Disziplin, Geister, Wirtschaft, Kapitalismus, Kommunismus, Atheismus, eine Art zu leben und zu sterben usw.
Je nachdem an was die Menschen ihren Glauben, Gedanken, Gefühle, ihren Geist und ihr Herz hängen, je nachdem werden sie leben, weil sie damit in Beziehung gehen durch die entstandene Resonanz ergeben sich Synchronizitäten, währenddessen sie sich abwenden von dem was nicht ihrer Vorstellung entspricht, so baut sich jeder seinen „Raum und sein Gefängnis mit dem woran er glaubt."
Je nach Stand der Selbsterkenntnis und erlangten Weisheit und erkannten zugrundeliegenden Wahrheit in den verschiedensten Erscheinungen des Weltlich, Geistlich, Emotionalen Verstehens, wird das eigene Leben seinen Ausdruck haben.
Ein jeder richtet sich nach seinem Glauben, woran er sein ermessen nach Glück richtet.
Durch jede Form der eigenen ausgesendeten Informationen, ergeben sich Synchronizitäten und Widerstände. Unsere Geisteshaltung durchdringt die Materie, wie auch die Materie Sitz des Geistes ist, so mögen wir manches wandeln, doch auch nicht gänzlich seines Geistes berauben.

Ich schmiede meinen Geist, in den Feuern wahrhaftiger Weisheit.
Forme die Klinge meines Intellektes, nach bestem Wissen und Gewissen.
Kühle sie in den ungetrübten, klaren Gewässern stillen Gewahrseins,
und führe sie Ehrlich, Ehrenhaft in Rechenschaft, mit dem Herzen.
Weil die Liebe über allem Thront.

Demiurg u. Archonten

Der DEMIURG seine Vasallen und die „Wiege der Täuschung und Verblendung!“
Wenn der Anfang die namenlose Quelle (Einheit-Ganzheit) ist, aus der alles hervorgeht, und die allem innewohnt, kann jegliche Erscheinung die einen Namen trägt, und somit ein sich seiner selbst bewusst gewordenes Bewusstsein reflektiert, immer nur der Ausdruck von definierter Information und Qualität sein, das sich in der Dualität des Daseins wiederspiegelt.
Somit kann ein sich „Gott“, Jehova, Satan, Demiurg bezeichnendes Wesen (Bewusstsein) auch nur ein abgetrennter Teil der Ganzheit (Quelle) sein. Jegliche Hinwendung zu solchen Wesenheiten bringt Karma (spirituelle Verträge) mit sich, die einen Teil der eigenen Schöpferischen Energie in der Angerufenen/Angebeteten Wesenheit bindet, dieser somit Macht verleiht, die einem Selbst entzogen wurde.
Auszug aus „Die Wahrnehmungs-Falle von David Icke:
Laut den gnostischen Texten dienten die Archonten dem „Demiurgen“, einem „Scheingott“, der die materielle Wirklichkeit, so wir sie wahrnehmen, erschaffen hat.
Ich möchte den Demiurgen mit einem Wort beschreiben … eine Verzerrung – und das meine ich wortwörtlich. Alles ist Energie/Bewusstsein/Gewahrsein. Harmonische Energie manifestiert sich als Harmonie des Bewusstseins/Gewahrseins, aus dem wiederum harmonisches Verhalten und harmonische Wahrnehmung entspringen. Aus einer energetischen Verzerrung entsteht das Gegenteil – verzerrte Energie, verzerrtes Gewahrsein, verzerrte Wahrnehmungen, Einstellungen und Verhaltensweisen. Etwas ist geschehen, was diese Verzerrung bewirkte. Die Verzerrung wurde zu einer Wahrnehmung und zu einem Gewahrsein, da alles in irgendeiner Form gewahr ist. Die Verzerrung wurde sich ihrer selbst gewahr. Die Verzerrung sah – ihrer Natur gemäß – sich selbst und

alles, was sie überblickte, aus einer verbogenen, fehlerhaften und fehlgeleiteten Sicht der Realität. Die Verzerrung glaubte, dass nur sie alleine existierte, denn die Verzerrung verhinderte die Verbindung mit – und das Gewahrsein von – höheren und ausgedehnteren Bewusstseinszuständen.

„Diese Verhaltensgestörte Ökonomie wird Aufrechterhalten, durch die Niedertracht einzelner Individuen. Niederträchtig sind nur jene Menschen, deren blick auf die Realität getrübt und verzerrt ist, weil sie von Täuschungen unterwandert wurden.“

KRIEG

„Der Krieg ernährt sich selbst."
Albrecht Wenzel Eusebius von Waldstein

Die Kunst des Krieges, ist die Täuschung.
Diejenigen zu täuschen, die glauben sie würden einem Täuschen.
Wenn der Getäuschte an das Trugbild glaubt, kommt es in seiner Wahrnehmung zum Realitätsverlust, der fortan sein Leben beherrscht. Der beherrschte ist gelenkt, obwohl er denkt, er wäre Frei. Dabei bewegt sich dieser nur in der Täuschung, und kann nur im Rahmen dieser Scheinrealität sein „Glück" finden. Was damit einhergeht ist, der Nutzen den der „Herrscher der Täuschung" über den Fremdbestimmten hat, und somit die Macht die er über diesen ausübt, indem er sie seinem Opfer entzieht.
(Wenn der Wahnsinn groß genug wird, wird er Unisichtbar.)
(Globale Struktur der Hintergrundmächte – Herrschaft der Oligarchen u. Banken – Archonten)

Parasiten

Niedertracht geht aus einem Parasitären Wesen hervor, das Täuschung (Manipulation-Illusion) produziert, die es ihm ermöglicht, von der Lebensenergie anderer zu zehren.
(Das können Banken, Leasingfirmen, Facebook, Mikroorganismen, Dämonen bis hin zu Menschen, die sich von der Liebe oder Arbeit usw. anderer ernähren. Die Liste scheint endlos…)
Natürlich Täuscht sich das Wesen zu allererst selbst, und düngt seine Niedertracht in irregeleiteten Glauben. Liebevolles (Liebe) vermag jedoch jede Täuschung aufzulösen.
(viele Parasitäre Täuschungen werden von der „System-Kontroll-App“ als „Normal“ gehandhabt und unter die Bevölkerung gebracht. Im System folgt die Bevölkerung diesen Parasitären-Strukturen oftmals aus einer Haltung Geistiger-Selbstverständlichkeit.)

Tragweite:

Wahrhaftig und Erleuchtet ist jener/jene der frei von Täuschung – Selbstermächtigt, in Freiheit lebt.
Warum ist es eigentlich so wichtig, Täuschung zu durchschauen: Weil Täuschung immer Lebensenergie „abzapft“ und dem der Täuscht „Nahrung“ liefert.
Geld ist z.B. auch eine abgewandelte Form von Lebensenergie.
Lebensenergie ist auch potenzielles Glück – Liebe.
Man kann natürlich seine Lebensenergie („Mana“ wie ich sie nenne) in weltlich/spirituellen „Verträgen“ (z.B. auch Freundschaft) zu anderen „Wesenheiten“ abgeben/aufspalten, und gemeinsam Lebensfreude – Liebe – Glück erfahren/erleben.

Wenn man auf „Etwas“ blickt, blickt es zurück. Aufmerksamkeit schafft Resonanz und lässt eine „multidimensionale Brücke“ entstehen. Vorstellung erschafft Möglichkeiten und der „Träumende Beobachter“ ist ein Teil des Traums, sowie alles im Traum sein Geist ist. Jeder Traum (Aufmerksamkeitsbrennpunkt) sendet Informationen aus, die auf das Objekt/Wesen treffen, die es betrifft. Nutze ich etwas, entsteht etwas. Denke ich an Jemanden, werden die Gedanken und Gefühle auf denjenigen Projiziert, im Astralen/Mentalen/Multidimensionalen-Raum. (eine Beziehung – Bezug – eine Form von Verbindung entsteht, und wird diese gepflegt wird sie kraftvoller.) Glaube/Ansicht/Überzeugung/Weisheit/Kenntnis/Wissen-Unwissenheit-Verblendung/Verzerrung/Mitgefühl/Sorge/Liebe wirkt sich immer auf die Betrachtung, wie auch auf den Betrachter aus, bzw. Gefühle.
Zur Erinnerung:

- Sheldrake (morphic resonance) Morphogenetische Felder
- Kilian Photography
- Dr. Masaru Emoto – Wasserkristalle
- Usw.

Manipulation

Der Großteil der Menschen beziehen die Informationen und die Art ihres Denkens, aus den Programmen (Überzeugungen/Vorstellungen usw.) aus denen sich ihr Verstand (Wissen u. dessen beigemessene Bedeutsamkeit, anhand dessen Beurteilungen stattfinden.) strukturiert.
Bei sämtlichen darin befindlichen, beziehen sie sich auf ihre Ausbildung, die Medien und ihr Umfeld. Gewinnt man Zugang zum Unterbewusstsein eines Menschen, so kann man sein Denken, seine Wahrnehmung und sein Verhalten vollständig steuern.
Emotionen und die daraus hervorgehenden Formen, die sich als Verlangen und Begierden des Menschen ausdrücken, sind die Triebkraft. Wer diese Triebkraft in einen „Verhaltensgestörten Rahmen“ einspannt und die Menschen von höheren Empfinden wie der Liebe abtrennt, beherrscht diese noch besser. (bzw. Angst sät)
Ein manipuliertes Verständnis von der Geschichte/den Menschen (als Spezies – in seinem „Sein“) / und der Welt, gestalten die Täuschung. Widersprüchliche Informationen (plausibel klingende Halbwahrheiten) und Aufspalten der Menschen, produziert verschiedene Ansichten und spaltet die Menschheit in verschiede Lager auf, wie z.B. in der „Parteien-Politik“, Glaubenssystemen oder der Kriegskunst. (es gibt nur eine Menschheit – ein Ganzes Wohl aller, alles andere führt zu Konflikt und Leid. Wahrheit ist Wahrhaftig und unverfälscht)
Wobei sich das irregeführte Bewusstsein und das „zerstreut-verstopfte“ Herz ständig gegenseitig „aushebeln“.
Die Kontrollmechanismen des Systems sorgen für Verhaltensgestörte Sklaven in seinen Reihen. So werden von Kindesbeinen an „Filter“ eingebaut, die ganze Frequenzbereiche ausblenden und die Fähigkeiten des Geistes abstumpfen lässt. Jedes Studium/Ausbildung spannt einen Rahmen, für den späteren Einsatz des Programmierten-Wirtschafts-System-Sklaven.

Infiltration des Geistes

Im Prinzip, ist jede Meinung/Ansicht/Glaube usw. eine Infiltration des Geistes, der diesem Aspekt Macht gibt, über einen.
Bei all den Erscheinungen, die uns immer nur einen Aspekt (Gedankengebilde, Informationskonstrukt, begrenztes Abbild) des Ganzen zeigen, wird das „Große" darin sichtbar, wenn man nicht stets im „Kleinen" verharrt.
Erst wenn man „Etwas" in umfassender tiefe, im Lichte der Wahrhaftigkeit auswäscht, weichen sich die verhafteten Schichten von Täuschung auf.
So wird die vorerst getrübte Wahrheit immer mehr Ersichtlich, und selbst diese, kann sich auf einer anderen Ebene des Daseins auflösen.

Herrn der Täuschung

„Die Menschen sind so im Hamsterrad ihrer eigenen Illusion gefangen, dass es sie nicht interessiert, das die Welt um sie herum, untergeht. In ihrem Streben nach Glück sind sie sosehr unterhalten, und fremdbeherrscht, das sie nicht sehen, wie ihnen genau dieses Glück, Stück für Stück genommen wird, durch die Herrscher der Täuschung. Dennoch sind sie selbstgefällig in ihrer eigenen Ignoranz.“

TACTICS

„Kennst du keine wahrheitsgemäßen Informationen, kennst du die Taktik nicht und bist ein Teil des Plans. Also bist du, ein Teil der kreierten manipulierten Illusion, und lebst in der Täuschung der angewandten Taktik. Das bedeutet, du dienst den Herren der Täuschung."

„Im Lichte des Geistes, wird es Wirklich."

„Reale Seinsweise ist wandelbar, Wirklichkeit ist veränderbar."

„Am Anfang ist das Licht."
Das betrifft alle Psychologischen wie Geopolitischen Bereiche usw... Gucke man wo sein Herz „kaputt" gegangen ist, oder führe man eine Überzeugung oder einen Gedanken zu seinem Anfang zurück. Mache man einen „Neustart" immer wieder, dass es nicht geschieht, dass man Anhand der gemachten Erfahrungen, verfälschte Überzeugungen und Ansichten über Sachverhalte und Menschen, in der Abfolge seines weiteren Bestehens (Lebens), alles einfärbt in Vergangenes.
Der Mensch spielt in seiner Persönlichkeit ein Rollenspiel, kehrt er oder sie nicht zum Anfang zurück.

„Die Fantasywelt an die der Großteil der Menschen glaubt wird Realität.
Nur was beherrscht, den Glauben, die Vorstellung und die Fantasy der Menschen?"

Gewinn und Verlust abwägen zu können, ist Entscheidend. Ebenso, den Hacken an was auch immer, erkennen zu können, und nicht blindlinks den Köder zu schlucken, um danach eben am benannten Hacken zu hängen. Man sollte ohnehin nicht alles bedenkenlos

schlucken, völlig gleich worauf es ankommt.
Man kann an alles Mögliche glauben und sich hineinsteigern, dem hinterherlaufen im Streben danach, und sich in die Arbeit stürzen und es in Folge auch verwirklichen. Es wird immer etwas entstehen, obgleich es auch immer ein Opfer bedarf. Aufstieg und Fall liegt in der Natur des Menschen, und aus jeder Mühe wird eine Erfahrung gewonnen. Unsere Persönlichkeit ist die Summe an Erfahrenen aus der Vergangenheit, anhand derer wir ableiten, wer wir sind.
Wir definieren uns, anhand unserer Vergangenheit in dieser Inkarnation, als Geschöpf mit Namen, Erscheinung, Fähigkeiten, Überzeugungen, Erkenntnissen, Einfühlungsvermögen, Ausdruck usw. Unsere Eltern (Genetik, Erziehung), Umfeld, Ausbildung, Beziehungen usw. haben uns geprägt, dabei haben wir nur Erfahrungen gemacht, anhand derer wir manches nun etwas besser oder schlechter als andere können, oder manches anders sehen usw.
Kleingeister mit Engstirnigem denken, verursachen kämpfe, sie wurden von einem Gedankengebilde (Programm) übernommen. Kleingeistige Gemüter begierig von ihrem Verlangen nach Erfolg oder Lust getrieben, verursachen kämpfe, weil sie von ihrer Gier (Begierde) übernommen wurden. Und es entstehen kämpfe, um genau jenen zu trotzen. Ein narzisstischer Psychopath mag Erfolgreich sein, im vorherrschenden Wirtschafts-Systemmodel, und er wird auch viel erlangen, gleichzeitig Leid verbreiten, doch keinen inneren Reichtum finden.
Der Zielgerichtete bloße Verstand ist ungeeignet, in seiner eigenen Begrenzung, sein Glück zu finden. Nur über-mit dem Herzen getroffene Entscheidungen werden keine Reue mit sich tragen. Was nützt es, mit 100 Frauen/Männern zu schlafen, wenn nicht einmal dabei mit Liebe. Was nützt es, Millionen zu haben, wenn alles was dadurch entsteht, nur ein Ausdruck dessen ist, und ohne wirklichem Leben ist.

Es gibt keinen Weg in der Welt, der sich mit Worten umschreiben ließe. Das Unerwartete bereichernde geschieht doch, wenn man es meistens am wenigsten erwartet, weil nichts steuerbar oder kontrollierbar ist, was von wahrer tiefe ist.
Weil die Liebe über allem Thront.

„Jede Erscheinung im Universum, ist ein Ausdruck von Information und wiederspiegelt somit, eine Qualität (einen Wert). Alles, jeder Abdruck eines Abbildes, wiedergibt inhärente Eigenschaften. Klang, Symbol, Buchstabe, Zahl, Namen, Substanzen, Chemie, Gefühle, Gedanken usw. alles ist oszillierende Energie, selbst, wenn etwas durch eine Macht verborgen werden will, kann es seinem bzw. dem Bewusstsein in seiner Wahrhaftigkeit nicht entfliehen. Wobei der wache Geist, jede Täuschung überwinden wird. Wo doch das Erwachen, eine steile Treppe mit verschiedenen Etagen darstellt, wo sich auf den verschiedenen Ebenen, eine Illusion um die andere gebildet hat. Jeder Traum, träumt sich auf seine weiße, und jeder Mensch träumt sich selbst (oder wird geträumt).“

Astralwelt usw.

Was mich schon immer verzaubert hat, ist die „Anderswelt". Eine auf den ersten Blick nicht erkennbare, uns durchdringende, unsichtbare Parallelwelt, die genauso beheimatet ist, von Wesen die wie in einem uns durchdringenden Gewässer „schwimmen"; deren Energie uns umströmt und durch uns hindurchfließt. So wie unsere Gedanken und Gefühle dort „herumschwirren", sich zu den Orten und Menschen begeben, denen sie gelten, und in die Herzen jener eindringen und diese berühren.
Wenn wir Träumen, schaffen wir den Raum des Traumes aus dem Geist, aus dem wir selber darin sind, und aus dem, diese multidimensionalen mit unserer ersichtlichen Welt verwobenen, feinstofflichen Materie der „Anderswelt" ebenso ist. Wobei es verschiedene Schichten, aus unterschiedlichen dichtheitsgraden gibt, mit ihren jeweils darin beheimateten Wesen. So wie wir, in unserer „physischen Realität" beheimatet sind, durchdringen jedoch unsere Energiekörper (Äther, Astral, Mental, Kausalkörper usw.) diese anderen Gefilde. Und auch wenn diese „anderen" Wesen dort zuhause sind, durchdringen sie doch unsere Heimat genauso, denn eigentlich, sind all diese Welten eins.

„he, he, wilde Narren“

Das Problem dieses Planeten ist, dass es hier einfach zu viele „Idioten“ gibt. Manch Nachbar oder Bekannter mag ruhig, Vernünftig, Anständig usw. wirken, angesichts der klaren Strukturen im noch vorhandenen System. Aber wenn es wirklich drauf ankommt, und alles zusammenbricht, sind viele von jenen, von Angst beherrscht, hysterisch, irrational Gewalttätig usw. Ohne Selbstkenntnis (Einsicht, Weisheit), ohne Ehre, weil sie alles Mögliche Fürchten, und auch nicht vor Abscheulichkeiten und tiefer Niedertracht zurückschrecken, um sich einen Vorteil zu verschaffen, oder ihr Leben um jeden Preis zu verteidigen. Manche würden sich sogar Gegenseitig verspeisen, nur, weil sie nicht den Mut, die Ehre, das Herz usw. aufbringen, und auch nicht erkennen, das wir eigentlich alle „gleich“ sind. Manipuliert, Stumpf und Hohl in ihrer Emotionalen Intelligenz, werden viele die Schlau erscheinen, nichts weiter als wilde Narren sein.
Ein „Rechtschaffener, Ehrlicher, Ehrenhafter Dummkopf“ ist mehr Wert, als ein „außerordentlich intelligenter Bastard“. Doch letztlich, lässt sich auch der ehrenhafte Dummkopf manipulieren und steuern, und zum Zwecke des intelligenten Bastards einsetzen. Wobei Schlussendlich, beide als so etwas wie „wilde Narren“ enden.
Die Menschen sollten nicht die Welt und das was sich darin befindet fürchten, sie sollten sich Selbst fürchten.

„Denn wer soll da einen freien Willen haben, wo es dich in letzter Konsequenz, gar nicht gibt.
Denn das, was hier von uns erlebt wird, ist nichts anderes, als eine Illusion einer Individualität, die es gar nicht geben kann. Denn nach meiner Vorstellung, ist das, was ich alles was ist nenne, eben allumfassend und umfasst alles was ist. Also mit anderen Worten, es kann nichts geben, außerhalb dessen. Es kann kein Ich geben,

außerhalb von allem was ist. Also, alles was in diesem, alles was ist entsteht und vergeht, ist eine Illusion, deren Unbewusstheit gegenüber dem Verständnis, das man bereits alles ist.
Es gibt also kein Gesamtwesen, das sich jetzt hier in verschiedenen Aspekten zeigt, sondern es gibt nur ein Gesamtes und wir nehmen uns in Aspekten war, in einem Traum, einer Illusion.
In Wahrheit gibt es Nichts, und es ist Nichts zu tun und alles ist so perfekt, wie es ist. Aber damit kann man erst etwas anfangen, wenn man diese Erkenntnis in sich herangereift vorfindet, und sie reift heran, weil sie die einzige Wahrheit ist, die es gibt."
Alexander Wagandt

Erkennen – kennen

Die Menschen glauben wirklich, sie kennen einander, dabei kennen sie sich noch nicht mal selbst. Ich würde von niemanden behaupten, er oder sie würde mich kennen, vielleicht im geringsten Verständnis überhaupt. Auch ich, kenne niemanden wirklich, lediglich winzige Eindrücke von Menschen sind mir bekannt. Vielleicht, sind mir Manche, mit denen ich schon mehr Zeit verbrachte, etwas vertrauter, dennoch kenne ich diese nicht. Entwicklung und Potenzial lebt sich aus, Menschen verändern sich, gedeihen und fallen. Jemand zu einem gewissen Zeitabschnitt kennengelernt zu haben, ist eine vergängliche Illusion, Angesichts eines sich manifestierenden Potenzials.
Manche, glauben sogar, sie würden die Welt kennen und verstehen… wie lachhaft.

„!!!“

Es ist ein Irrtum, dass viel tun – viel schafft. Denn freilich wird etwas geschaffen, doch wem dient es? Im Streben nach Glück, folgt der Mensch vielerlei Triebfedern, doch wie tief das Gewässer ist, in dem dieser da Fischte, zeigt sich oft erst mit der Zeit. Viele bringen zu früher Zeit, in jungen Jahren, ein Rad zum Rollen, das ihrer fehlenden Einsicht entspringt, und danach schlafen sie lange so, wie sie sich gebettet haben. Erfahrungen sind immer gewonnen, doch manche dieser Packte, begrenzen sich selbst. Und auch wenn nichts so heiß gegessen wird, wie es gekocht wird, lebt der Mensch doch in dem Haus, das dieser, an seichtem Gewässer baut. Und wagt dieser es erst zu verlassen, nachdem sich der Geist darin aufgetan und erschöpft hat. Unbewusst ist uns vieles, leichtfertig bewusst seine Ketten zu schmieden mag einem befangen halten.

Weil es Irrsinn war,
so wie ich es für mich erdachte, viel die Vorstellung,
an den Toren der Wahrhaftigkeit.
Die Menschen leben in ihrem Irrsinn,
wie die Fliegen, die in der Scheiße hausen.

Traumwanderer

Das Leben ist ein Spiel mit Illusionen, und so wandere ich von einem Traum zum nächsten.
Ob wach oder im Schlafe, träumen ich immer, oder bin wie gelähmt und gefangen zwischen den Trugbildern, ob mit offenen oder verschlossenen Augen.
Doch es geschieht, das etwas Erscheint, das nicht ist, wie der Traum selbst, und von höherer Ordnung herrührt. Dass einem im Leben wahrhaftiges für einen offenbart wird, und es kommt von dort wo man es nicht erwartet. Es weist einem den Weg, entweder in eine erhabenere Illusion, doch reist es einem mit Gewissheit aus dem Traum in dem man verharrte, und stürzt einen in die zunächst Ungewissheit, einer scheinbaren unsichtbaren Ordnung für einen, die man bis dahin nicht erfassen kann.
Ich kann es nicht beherrschen, nicht gänzlich Verstehen,
nur offenen Herzens und Geistes durch die Welt gehen.

Besonnen sein

Der Weise handelt indem er nichts tut.
Mit ruhe und bedacht harre ich aus, besinne mich auf das, was wirklich Wichtig ist und warte auf die Gelegenheit die sich mir bittet, um mich zu beweisen.
Denn das was mich berührt, sind nicht Spielchen und Illusionen.
Es gibt keinen Zweifel, wenn ich sehe und spüre, das ich für mich richtig bin, nur Geduld und kein Rückzug, offen halte ich Ausschau, höre und fühle, denn der Weg wird sich auftun, wie dieser es immer tat.
Übertriebene Aktion kann dazu führen, das Wesentliche aus den Augen zu verlieren, und sich im Unwesentlichen zu verirren und zu erschöpfen. Alles nur um Geschichten erzählen zu können, und ein lächeln zu liefern, das keinerlei wahrhaftigen Wert besitzt.
Die Geister sprachen: „Ihr braucht nicht viel zu tun, der Weg ist bereitet, haltet einfach offen Ausschau."
Wir sind die unbewussten Verwalter unseres Schicksals.

Anzweifeln

Man kann alles Mögliche Anzweifeln. Ob man Geschehen in der Welt Hinterfragt, oder sich Selbst, es stellt immer den eigenen Glauben in Frage. Wer gut gesattelt ist in seinen Überzeugungen und Ansichten ob nun an Wahrheit oder Täuschung (Lüge) grenzend, fühlt sich stark und geerdet in seinem Glauben.
Wer Zweifel wagt, an dem dieser nagt, wird von innerer Zerwürfnis geplagt, bis Gewissheit naht. Umso mehr Einsicht, Erkenntnisse, Wissen und Weisheit man erlangt, desto mehr lässt man los, von veralteten auf Naivität, nicht Verstehen und Unwissenheit gegründeten Sichtweisen.
Je mehr Wahrheit und Liebe einem vergönnt ist zu finden, desto weniger wird man sich Selbst oder von Weltlichem getäuscht werden. Fehlende Einsicht und Durchblick verursacht Leid, weil der Mensch von sich oder außen getäuscht wird, entweder durch seichte selbstzerstörerische Begierden/Geistige-Triebkräfte (Ideologien, Religionen), oder von anderen Menschen (Lügen usw.), deren Taktiken – weltlichen Täuschungen (z.B. Politik, Essen – Inhaltsstoffe, Systemen, Ökonomie usw.).
Umso weniger Getäuscht man ist, desto weniger Energie fließt den daraus entstandenen trügerischen Illusionen zu (die den Nutzer >Benutzer< der Täuschung dienen), und umso mehr steht einem diese wieder selbst zur Verfügung.
Je tiefer diese Geistig-Emotionalen Wahrheiten umgesetzt werden können, weil sich Menschen begegnen die ebenso fühlen, desto Glücklicher ist man. Doch leider stößt man auf Widerstand, durch jene die Getäuscht sind und deren Illusion nicht aufgeben wollen, und somit die Welt danach verändern.
Würden alle Menschen zu Wahrheit und Liebe erwachen, gebe es keine Kriege, alle Tiere würden ohne zu fliehen neben uns leben, wir wären Wohlauf und Glücklich.
Je nachdem wie tief die Wahrheiten und ihre Liebe erlebt und ge-

lebt würde, desto mehr wären alle Wesen in Harmonie miteinander, und jedes von ihnen Glücklich.
(Religiös, Ideologisch geführte Ökonomien, schaffen dies, doch nur in ihrer eigenen Begrenzung, und in ihrer Begrenzung, schaffen und tolerieren sie Leid, weil ihr zusammenleben auf Täuschung beruht.)

Kapitel 6

Heutzutage wird Krieg ja wieder „Salonfähig", und wie ein Spiel deklariert, wenn es um Geopolitische Interessen geht. Gieriges und Machtbesessenes kapitalistisches, Wirtschaftliches Bestreben scheint in den Köpfen mancher „Menschen", zur „Religion" herangewachsen zu sein. In ihrem Wahnsinn scheint manch Niedertracht auf eine nahezu „göttliche Ebene" erhoben. > Doch damit nicht genug, „Übel" wie Gentechnik, Atomenergie, Chemtrails, Haarp, Fracking, Fischen mit Schleppnetzen, Wilderei, Kinderarbeit, Giftmischerei in Lebensmittel-Trinkwasser-Zahncreme, Impfen, Pharmaindustrie-Killer, Co2 Religion usw. der Irrsinn der manche Menschen beherrscht, damit sie in ihrem Wahnsinn diesem dienen, scheint endlos… Geistlos – Herz verloren, manipuliert, degeneriert.

…die Sache ist die,
intellektuell-philosophisch, spirituell, theologisch, psychologisch, wissenschaftlich-gebildet (Kenntnisse über verschiedenstes), nicht manipuliert (getäuscht-verzerrt) und desorientiert (orientierendes Denkmodel), analytisch sich Selbst und die Welt (Geopolitik-Politikdarstellung, Ökonomie, Feinstofflich Energetische Kräfte usw.) zu betrachten, sowie Emotional-Herz Intelligenz zu zeigen, ist ein umfassendes Unterfangen.
Sowie im Leben harmonisch, willentlich zu bestehen und die Liebe zu finden, das ist eine Wahrhaftige Aufgabe.
Erfolg oder dergleichen ist unnütz, wenn dieser nicht aus dem Herz im Einklang stattfindet, sondern nur Triebkraftgesteuert, Minderwertigkeitskomplexe Kompensierend, auf Vorteil bedacht, unter korrupten Mitteln usw. erlangt wird.
Lieblich in Liebe gemeinsam, nur kurze Zeit zu sein, eine Hand zu halten usw. lässt Zeit u. Raum verschwimmen, Bedeutung u. Wirklichkeit nichtig werden.
Das Leben im Lauf der Zeit, dem Wandel unterworfen, ist schon „seltsam", doch wäre es das weniger, wenn mehr Erwachen und Harmonie rundherum erlebt würde.

Das wahre Vermögen besteht ja nicht in Materiellen Gütern, sondern im innerlich Geistigen Schatz. Was sich alles in der Welt „abzeichnet“ und den Menschen „auszeichnet“ und die Betonung liegt auf „Auszeichnet“ ist, das die Persönlichkeit, oder alles was wir vorfinden, ein „Ausdruck“ der Fantasy des Menschen ist.
Wir haben ein Herz u. einen Kopf und wir benutzen unsere Emotionen u. Gedanken, um in Abfolge aus dessen Streben-Antriebe; unseren Füßen u. Händen, die Welt damit zu gestalten. Was sich in Gesetzen, Legitimationen oder System-Strukturen abzeichnet, ist eine Form den menschlichen Geist darin zu bannen und damit dessen Fantasy dingfest zu machen.
Der Mensch wird teilweise seines Selbst beraubt, indem dieser für alles eine Legitimation durch das System vorweisen muss, und hat dieser nichts davon, wird dieser im System als solcher gewertet. Wirtschaft, Finanzen, Systeme, Religionen usw. das waren irgendwann mal nur Fantasien, und umso mehr Menschen daran glaubten, und diesen Sinn und Bedeutung gaben, wurden diese zur Realität gestaltet und erhoben.
Es gibt schon Energien und Kräfte/Mächte, aber eine Energie die nicht genutzt wird, ist praktisch nicht existent. Liebe mag vorhanden sein, aber wenn sie nicht genutzt wird, ist diese praktisch gesehen, nicht von Bedeutung.
Das morphogenetische Feld (Bewusstseinsfeld der Erde) stinkt vor Niedertracht. Und bei vielen Menschen hat man auch das Gefühl, ihr Wesen – ihre Persönlichkeit, scheint sich gänzlich ihren begrenzten Vorstellungen unterworfen zu haben.
Sicher ist es kompliziert und ein jeder Mensch/Seele in seinem Sein, läuft umher; ist immer etwas verwirrt; fügt sich in sein Umfeld; folgt dem, was er oder sie als schön und Glück verheißend empfinden.
Aber wenn es letztlich um das erleben und empfinden von Glück geht, frage ich mich, was hier vorgeht? Die Erde bittet ein Meer an Möglichkeiten, und wenn dem so ist, gäbe es doch die Möglichkeit,

in Freundschaft gemeinsam mit allen Menschen, Tieren, Pflanzen, der Astralwelt und seinen Bewohnern (Geistern) usw. in einem Art Dorf zu leben, eine Hütte zu beziehen, und in liebe eine Beziehung zu führen.
Stattdessen finden wir Kriege, Massentierhaltung, Chemtrails usw. usw. vor, weil so viele Seelen/Menschen vergessen, wer sie sind und worum es wirklich geht.

Credo des Wahnsinns!

Strebt ein Mensch nachdem dieser zu einem gewissen Maße, Erfolg, Profit - Reichtum, Ansehen, Macht oder dergleichen erlangt hat, immer weiter danach, ist sein Streben nichts weiter als leid schaffender Irrsinn. Zudem ist es Irrsinn-Dummheit-Niedertracht (Unwissenheit, fehlende Selbstkenntnis, Mangel an Geistig-Emotionaler Intelligenz, fehlender Intellekt, ein fehlen an Liebe, Weisheit, >“Übermaß an Begierde“< fehlende Einsicht, Mangel an Erkenntnissen und Wahrheiten), Eigenschaften und Ideale wie, Ehre, Ehrlichkeit, Aufrichtigkeit zu Opfern, um irgendetwas zu erlangen, das dies einfordert.
Ist es einem Menschen vergönnt, ein schönes Stück Land zu verwalten; ein Häuschen sein Eigen zu nennen; ein nützliches Ge fährt verwenden zu können; keiner Arbeit nachgehen zu müssen, die diesen zutiefst Unglücklich stimmt; über anständiges Essen zu verfügen; Gestalterischen Freiraum genießt usw. kann der Mensch sofern es sein Wille ist, noch nach zwei „Schätzen“ streben: Liebe u. Wahrheit.
Wenn einem Menschen das größte Glück auf Erden, eine Beziehung inniger Liebe zuteilwird, dieser in tiefer Freundschaft zu anderen Menschen, Tieren usw. ist, und diese Verhältnisse sowohl Finanziell, sowie mit liebe umsorgen kann, ist dessen Glücklichsein gesättigt.
Wer sich dies vor Augen führt, dem ist klar, dass Finanzoligarchen wie Rothschilds u. Rockefellers, oder Politikdarsteller wie Merkel, Obama usw. Konzernchefs (von z.B. Massentierhaltungsbetrieben), Bankenchefs, auch Piloten die Chemtrails versprühen, Rüstungslobby-Profiteure, Atomlobby-Profiteure usw. alles nur niederträchtige, abscheulich perverse Witzfiguren sind, die Leid säen, weil sie selbst weder Liebe noch Wahrheit kennen.
Und für jene, denen es aus diversen Umständen nicht vergönnt ist, es wirklich „schön“ in dem oben beschriebenen Maße zu haben,

die können danach, oder nach etwas Ähnlichem streben. Es muss nicht alles „Perfekt" sein, aber aufrichtiges Bemühen ist immer Ehrlich. Aber kein Mensch sollte jemals sein Herz/Ehre opfern. Denn wie soll ein Mensch jemals wahrhaftiges Glück außerhalb von Liebe und Wahrheit finden?

Meines Erachtens, ist Ehrenhaft sterben, einem unehrenhaften Leben vorzuziehen.

Die Erde wird Großteils von Witzfiguren beherrscht!

Wölfe… („he, he“)

Die Sprache des Geldes, verstehen sie alle, weil Geld ihnen die Möglichkeit bittet, sich aus der Sklaverei zu befreien-freizukaufen. Dafür sind sie sogar bereit, ihr Herz und ihre Ehre zu verkaufen. Doch ehe sie sich versehen, werden sie zu Sklaven ihrer Gier, und der Gier folgt die Niedertracht. Und selbst wenn es ihnen gelingt, genügend Geld zu erlangen, sind sie doch zu Hunden degeneriert. Kein Wolf wird sie jemals in seinem Rudel akzeptieren.

Konzepte usw.

Jeder Mensch glaubt an irgendetwas, folgt einem Konzept und Konstruiert und versetzt sich in Kreisläufe, die dieser solange durchläuft, bis dieser diese ausgekostet, dessen überdrüssig geworden und sich darin erschöpft hat. Die Menschen schaffen Geistig/ Emotionale Beziehungen zu allem möglichen und verbinden sich in der Beziehung zu Hobbys, Menschen, Dingen, Künsten, Berufen usw. mit jeweiligen, leben die Energie und erfreuen sich daran oder leiden damit, lernen und ergründen dessen Wesensenergie, bestärken diese und projizieren sie in die Welt.

Es werden Erfahrungen durchlebt, Erkenntnisse erlebt, Überzeugungen-Ansichten geformt und darin wird der Geist des Menschen, in Gestalt von Glaube gelegt und somit derselbige danach geformt. Und mit dem das wir annehmen woran wir glauben und demnach dasselbe sind, beeinflussen wir unser Umfeld damit und werden auch erfassbar für jene und jenes, die/das sich in den Kreisen die wir ziehen aufhält.

Und umso mehr Menschen an den Geist/die Energie eines geschaffenen Konzeptes/Konstruktes glauben und sich diesem zuwenden, indem sie sich darin verbinden, desto mächtiger wird dessen Struktur in der Welt.

Im Laufe seines Daseins, eines Bewusstseins in dieser Welt, kann ein Mensch durch lernen und verstehen zu viel innerem Wissen und Weisheit gelangen, sowie sich dieses darin Ausdrückt, dass es sich durch tiefe Einblicke in die Wesensnatur (wahrhaftigen Kern) mannigfaltiger Erscheinungen vertieft findet.

„Der Weise handelt, indem er nichts tut.“ Vielleicht nichts für sich, sondern sich einfach den Anforderungen fügt und hingibt.

Denn immer, wenn wir etwas tun, bedienen und dienen wir demselben und sind darin damit verbunden. Jeder Gedanke ist ein Baustein zu deinem Zukünftigen Schicksal. Auch wenn das Schicksal sich selbst findet.

Ich frage mich, ob man der Welt überdrüssig werden kann, wie sie jetzt ist, denn wer will schon ein Werkzeug sein, für dessen darin hervorgebrachten Irrsinn? Das Schicksal wird die Antwort wohl kennen?
Aber eins steht fest, unter dem jetzigen Zeitgeist, ist uns maximal ein „Ausblick“ ins Paradies möglich, doch ist es nicht gänzlich erlebbar.

Und selbst der Mensch der vorgibt an nichts zu glauben, glaubt doch daran. Oder an den vergänglichen, schwankenden Stand der Wissenschaft, an ein System oder sonst was. Und wenn jener wahrlich an „Nichts“ glaubt, was glaubt dieser dann, wer er oder sie selbst ist?

Das was wir in der Welt wahrnehmen, ist der Schatten und das Echo des Geistes. Gedanken und Gefühle der Menschen werden auf die Welt, in letzter Konsequenz in deren Konzept, auf das Dasein projiziert. Somit bestimmt, dass was den Geist/Herz beherrscht, den verlauf auf der Welt.
(Versteht der Geist sich selbst, findet dieser Leere und zugleich weite/tiefe – Versteht das Herz sich selbst, findet es Liebe. Soweit ich es bis jetzt ausdeuten kann.)

Thinktanks

Und wer nicht selber denkt, wird von Thinktanks erdacht.
Andere etablieren ihnen dienliche Strukturen und Szenarien, die über den Großteil der Lebenszeit und der Möglichkeiten, der „manipulierten Nichtdenker“ bestimmt. Die „Nichtdenker“ werden glauben: das ist nun mal „Normal“, unausweichlich und gehört so.
Und wenn's richtig eng wird, ist es verspielt.
Verschiedene manipulierte Gesellschaftsgruppen der „Nichtdenker“, aufgespaltet in verschiedene Lager, bekämpfen sich gegenseitig, ihren einfachen Denkmustern unterlegen, handeln sie berechenbar in dem Rahmen, der ihrer Programmierung entspricht.
Und es werden „Nichtdenker“ benutzt, um andere „Nichtdenker“ zu benutzen, als Rädchen in diesem System.
Wer keine Wahrheit mehr kennt, wird in Lügen leben, und wessen Herz ohne liebe ist, dem nützt auch die Wahrheit nicht.

… Überlegung:

Hmm, so wie ich das sehe, hat der Geist drei Zuhause:

1. Das Zuhause im Körper
2. Das sprichwörtliche Zuhause im Heim – Heimat
3. Und das Zuhause, das die Erde ist.

… Manche Geister kümmern sich wirklich nicht um ihr Zuhause, he, he …

Und wenn da überall ein „Saustall" herrscht, beherrscht dieser wohl auch den Geist, ha, ha …

… was da alles zum Vorschein kommt, wenn man da mal richtig aufräumen würde …

… aber wer viel Spielt hat es auch lustig, auch wenn etwas Unordnung dabei herauskommt …

Dialekt – Gedicht

(is ma grod so eingfoln – auf Österreichisch)
Und wos so viel Menschen ned kapieren,
ist das sie sich innerlich und Karmisch verlieren,
wann sie in der Welt wos ruinieren,
a wenns sie's Geistig/Emotional ned a moi mehr gspürn.

Was mein Problem ist:
Die Frage die mich so oft beschäftigt ist: „Warum habe ich da Widerstand?" – „Woher kommt mein Widerstand?"
Letztlich, wenn ich an etwas nicht „Glaube" und infolge dem keinen Sinn und eine Bedeutung beimesse, fehlt mein Einverständnis zur „veräußerlichten Erscheinung", der ich in der dargestellten „Form" keine Berechtigung meinerseits gebe.
Wenn für mich etwas aus meinem Geistig/Emotionalen empfinden – Ethisch nicht vertretbar ist; dessen Nutzen widersprüchlich ist; es zutiefst Unehrenhaft ist; auf Desinformation und Manipulation gründet (Verzerrung); Korruption usw. dann empfinde ich es für mich nicht als „Rechtens – Richtig" und will mich auch nicht danach richten, bzw. mich selbst, nicht zum Werkzeug für Unrecht machen und mich daran beteiligen.
Grundsätzlich gehe ich auch davon aus, dass dieses Empfinden in jedem gesunden Menschen angelegt ist, als natürlicher Geistig/Emotionaler Instinkt/Intuition. Was einem unwissenden, manipulierten Menschen sich nicht erschließt, oder einem korrupten Kleingeist abhandengekommen ist.
Beispiele für was an das ich nicht „Glaube", dass es „Gut" ist, bzw. „Rechtens" und Unehrenhaft ist (Niederträchtig):
Bankensystem, Kapitalismus, Finanzfaschismus usw., Massentierhaltung, Macdonalds, Aspartam, Fluorid in Zahncreme usw., Atomkraftwerke, Uranmunition, Gentechnik, Pestizide, TTIP u.

CETA usw., manche Verordnungen u. Gesetze, CO2 Lüge, Chemtrails, Haarp, Ressourcen u. Geopolitischen Interessen dienliche Kriege, Fischen mit Schleppnetzen usw.
… wie kann es sein, dass ein Staat dies alles vertritt, indem Politikdarsteller dies legitimieren? „Weil sie Verbrecher sind."

Und jeder der Wählen geht, legitimiert damit dieses Gesamtsystem. Denn kein Politikdarsteller wird jemals das Banksystem, den Kapitalismus-Finanzfaschismus, Chemtrails, das Gift in der Nahrung usw. anzweifeln. Und wenn jemand seine Stimme für einen Politikdarsteller abgibt, erklärt dieser sich mit all dem Einverstanden, was gesprochen und unausgesprochen ist; mit allem das in diesem System getan wird. Den er oder sie hat seinen Namen dafür hergegeben.
… Natürlich kann man auch Versuchen, das System zu verändern, im Rahmen dessen, doch daran habe ich Zweifel.

Hirngespinst – Hirngespenst – Gespenst des Geistes

… Definition Gespenst: ein spukendes Wesen in Menschengestalt, das Furcht verbreitet (das jedoch nicht wirklich existiert). (muss kein Mensch sein – Wesenheit – Information usw.)
Es ist ja eigentlich ganz einfach, wenn man Wasser betrachtet sieht man, es zeigt sich in allen drei Aggregatzuständen und passt sich an jedes Volumen (Gefäß) an. Ohne Wasser kein physisches Leben (z.B. auch Licht-Sonne). Siehe man z.B. ein Stück Holz an, entzündet es, entgast es, verbrennt und wird zu Asche. Die Gestalt ändert sich. Im Meer der Möglichkeiten war das Stück Holz, immer abgegebene Wärme und Asche. Oder z.B. ein Foto: „Ist ein Abdruck in der Raum/Zeit, von einem inkarnierten Wesen." (daraus lassen sich verschiedene Folgen ableiten.)
Oder z.B. die Bäume (Auszug aus Clemens G. Arvay's: Der Biophilia Effekt):
Die Blätter der Sträucher, Büsche, Ranken und Kräuter senden Pflanzenvokabeln aus, die von anderen Pflanzen und von Tieren aufgenommen werden. Im Erdreich geben Wurzeln Stoffe ab, die ebenfalls Botschaften enthalten und sie geben klickende Laute von sich, die das menschliche Ohr nicht hören kann. Die Pflanzen nehmen diese Laute als unterirdische physikalische Schwingungen wahr. Der Wald, so wie jeder andere natürliche Lebensraum, ist ein Ort der regen Unterhaltung, der dichten Kommunikation. Überall schwirren Moleküle umher, die Information enthalten und andere Lebewesen entschlüsseln sie.
… Um auf das Hirngespinst zurückzukommen, ein Konzept, ein Gedanke der Emotionen auslöst, oder Emotionen die Gedanken auslösen, sind als Feinstoffliche Materie existent. Oder wer könnte sagen, das seine Träume nicht existent wären?
Ebenso ist das Bewusstsein – der Geist existent, und verliert dieser sein Gefäß, definiert man ihn als „Geist" – Seele.

Alle die vor uns kamen – Gestalt 2

Alle die vor uns kamen, haben die Welt gestaltet. Das was uns als unabdingbare „Realität" verkauft wird, ist eine Form ausgeprägter, gestalteter Wirklichkeit. Die uns als Wirklich (Wirkt im Licht unserer Aufmerksamkeit) erscheint, weil so viele Menschen ihren Glauben in die Strukturen des Vorherrschenden (Vor-Herrscht) Systems legen. Ein Banken/Wirtschaftssystem, Kapitalismus führt zu Finanzfaschismus, das alles bei einem Wert bemisst und diesem Untertan macht. Es findet Legitimation durch Vorschriften (Vor-geschrieben – es stand schon da), durch Wahlen (wählen im gespannten Rahmen der Parteien - Lakaien), und Gestaltet, Vergütet, Begrenzt und schafft den Rahmen für Qualitäten und Werte in dieser kollektiven als Wirklichkeit verkauften Welt.
Die Gestalt eines Menschen ist ein Abdruck seines Wesens. (Inkarnationsfolgen, Umfeld – Umwelteinflüsse, Prägungen usw. mal abgesehen.) Und sein Auto, Wohnsitz, Kleidung usw. bildet zu einem großen individuellen Prozentsatz, die Widerspiegelung seiner oder ihrer auf die Welt Projizierte „Gestalt", die nach außen verlagert wird. Immer mehr wird so ersichtlich, welche Begierden und Vorstellungen den Geist (Gedanken) und das Herz (Emotionen) des Menschen beherrschen (vorherrschen).
Mit der tiefe kommt die Liebe und das Potenzial, und reift das Potenzial heran, wird die Welt wieder gesund. Die Menschen werden freier, ungebundener sowie ihr Lachen und ihre Freude tiefer, sogleich es weniger dafür bedarf, doch ihr Glück nicht darunter leidet. Denn Leid entsteht, wenn die Wage den Überfluss ausgleicht und einfordert bzw. das Gleichgewicht sich selber findet.
Natürlich macht viel Lust und Laune wie es ist, aber eigentlich ist es Schall und Rauch, wenn ich daran denke, was wirklich schön ist.

Das was wir Leben nennen…

Das was wir Leben nennen, durchläuft ständig Zustandsveränderungen. Wenn ich z.B. Krank bin – bin ich, „Ich“ aber auch die Krankheit bzw. ist diese ein Teil von mir, oder wenn ich einen Rausch habe, hat das „Ich“ einen Rausch usw. Wenn ich mich mit was beschäftige, Arbeite, Spiele usw. passiert etwas dabei und „Ich“ bin ein Teil davon. „Ich“ bin Freude, Leid, Wut, Begierden usw. weil „Ich“ diese Emotionen ja Aufgreife, annehme und Umsätze und mich in dessen Zustand begebe, bin ich ein Teil davon bzw. lasse mich damit einfärben.
Was ich auch Konsumiere oder Esse nehme ich auf, und verursache damit eine Zustandsveränderung im Körper und Bewusstsein. Betreibe ich ein gewisses Verhalten (wiederhole Abläufe) über länger, und greife einen Zustand öfters auf bzw. nehme einen Zustand in mich auf, werde „Ich“ eine Widerspiegelung dessen.
Das Bewusstsein ist Ursprünglich „Leer“ und ich kann alles hineinkippen oder Auslegen wie ich will. Wann dieses Bewusstsein (Bewusste-Sein) – „Ich“ natürlich über länger Einflüsse ausgesetzt ist, wird es mit der Zeit davon nicht unangetastet bleiben. Das heißt damit in Resonanz gehen. Diese Einflüsse können von außen, durch das Umfeld, oder andere Menschen kommen, die ihre angenommenen ZUSTÄNDE auf einen Projizieren. Und das „Ich“ kriegt diese Ausgelegten Zustände ab und dadurch werden in der Wechselwirkung, verschiedene Impulse hervorgerufen. Es liegt aber an mir, welche davon ich „füttere“, aber es wird jedenfalls, das Herz und den Geist berühren.
Aber es kann auch Einflüssen Widerstanden werden, oder man kann sich Einflüssen bewusst aussetzen, und dadurch verschiedene Erlebniszustände hervorrufen.
Selbst wenn das Bewusstsein (Ich), verschiedenen Einflüssen ausgesetzt ist, kann sich das Bewusstsein trotzdem selber wiederherstellen, z.B. in der Reflektion wer es Selbst ist, in dessen Vorstel-

lung, die stark mit vorangegangenen Inkarnationen (Prägungen, der Seele, Stammhirn usw.) zu tun hat. Je nachdem wie offen oder verschlossen ein Bewusstsein ist, kann es auch sein, aufgrund der angenommen Verhaltensmuster usw., das sich diesem „Ich“ manche „Bereiche u. Dinge“ nur mehr gefiltert erschließen.
Im Leben gehen wir in Beziehung zu allem was ist, das heißt, in Bezug – ziehen. Energie zieht von mir („Ich“), zu dem was ich einen Bezug – Beziehung habe. Ob das Menschen, Dinge, Tätlichkeiten, Emotionen, Gedanken, Konzepte, Glaubensmuster usw. sind. Das „Ich“ geht damit in Resonanz, erlebt die Erfahrung damit, lernt daraus, schöpft Freude oder Leid daraus, nimmt ein Konzept an usw.
Wir sind hier um Erfahrungen zu machen und auch zu Reife zu gelangen, indem wir Weisheit und vor allem Liebe finden. Anhand der aus diesen Erfahrungen gereiften Ansichten und Überzeugungen, formen wir die Wirklichkeit, erschaffen Systeme und geben Ausprägungen (Auslagerungen innerer Zustände) Berechtigungen. Damit meine ich, geben Lebensbereichen Sinn und Bedeutung, sodann sie für uns als Wirklich erscheinen – sie werden Wirklich, im Lichte unserer Aufmerksamkeit.
Umso mehr Niedertracht in den Herzen der Menschen ist, umso mehr wird diese in der kollektiven erlebbaren Wirklichkeit zu finden sein und auf Toleranz stoßen bzw. auf Widerstand. Aber diese wird zu großem Maße ein Teil, der Anerkannten Strukturen und Systemen in der Welt sein.
Letztlich kann jedoch nur wahrhaftig (Wahr) Wirklich sein, was in Liebe ist, also Lieb ist!!!
Weil wenn das „Ich“ versteht, dass es ja selbst nichts Anderes ist, als alles das was ist, und dass alles das, auch nur Freude und Liebe erleben will…. Ist alles das was in Niedertracht ist, eine Verzerrung der Eigentlichen Wirklichkeit.
Welcome to the Illusion of Reality

Man sollte jemanden bewundern,
der sich selber aus dem Sumpf zieht,
nicht verurteilen.
Sich erheben, immer und immer wieder,
bis die Lämmer zu Löwen werden.

Spirituelle Erkenntnisse, zu einem gewissen Lebensabschnitt:

Part 1.: Ich stellte mir unter Spiritualität immer irgendetwas „tiefes“ – „abgehobenes“ vor. Doch ist jegliche Form des Lebens, ein Ausdruck spiritueller Kräfte, und somit ein Abdruck dessen in dieser Welt. Energie – Ki in die Form gebracht, durch Information. (In-Form…)
Gedanken und Gefühle manifestieren sich als Seelenausdrücke und wiederspiegeln sich in den physischen Erscheinungen. Die Fantasy findet sich in der Welt ein.

Part 2.: Am Ende aller spirituellen Pfade steht die Erleuchtung; das Eins werden mit allem; das auflösen des „ich“ und das aussteigen aus der Dualität.
Dies erscheint mir uninteressant, weil es bedeuten würde, dass man dem weltlichen Gehabe überdrüssig werden würde, und ein solcher Zustand dem Sterben in der von Dualität geprägten Welt gleicht. Doch bin ich nicht hier, und noch etwas zu jung, um mich von dem hier abzuwenden.
Viel mehr sehe ich das Potenzial des Glücks, hier auf Erden, in der Verbindung im Liebevollem-Seins, zu den Menschen und all jenem was um uns ist. (We are here for each other.)

Part 3.: In der Vergänglichkeit, strebt alles nach Glück (Freude), sowie man Leid für sich und seine Lieben zu vermeiden versucht. Auf diesem Weg kommen wir zum Geld, wobei ich sagen will, das ich gar nicht weiß, wofür ich all die Stunden arbeite und wofür ich Geld überhaupt für mein Glück nutzen soll. Außer um es dafür zu nutzen und einzusetzen, um das körperliche Bedürfnis nach Nahrung zu befriedigen, sowie die Habseligkeiten die das physische Leben bedarf und ein Heim zu erhalten.

Doch sehe ich im Geld nicht wirklich das primäre Potenzial, um Glück zu schaffen.

Part 4.: Wir definieren uns im Menschsein und drücken uns aus, gehen in Resonanz mit unserem Umfeld und so gibt es nichts schöneres, als von einer anderen Seele (Menschen) die dies ebenso tut, wahrgenommen, anerkannt, gemocht, sogar geliebt zu werden.
Die Welt besteht aus Männern und Frauen, beide ziehen sich an, was gebe es da schöneres, als im anderen Aspekt des Göttlichen einen Seelenverwandten zu finden, und mit ihm/ihr in liebe zu sein.
Darin sehe ich das größte Potenzial des Glückes in der Welt.

Instinkt eines Menschen

Immer wenn ich jemanden ansah, fragte ich mich, was Zeichnet diesen Menschen aus.
Doch verändert sich der Charakter, und wächst mit der Zeit. Darum ist es töricht, einen Menschen rein nach den Qualitäten die er oder sie jetzt aufzubringen vermag zu beurteilen.
Das prüfen meines Gegenübers besteht nun darin, dass ich bemüht bin, mit ungetrübtem Blick zu erkennen, ob dessen Herz aufrecht ist.
Ein Narr ist mehr wert als ein Intellektueller, wenn dessen Herz von Niedertracht befallen ist.
Da ich aus dem Herzen heraus anfing, auf die Menschen und die Welt zu blicken, stieg in mir wohl etwas auf, das sich am ehesten mit dem Begriff Intuition umschreiben lässt.
Diese liefert mir selten, jedoch immer häufiger, einen Hinweis was die Bedeutsamkeit für Situationen und Menschen angeht, was ich mit dem Verstand nicht erfassen kann.
Vielleicht steht diese mit vergangenen Leben in Verbindung, oder hängt mit meiner Lebensaufgabe zusammen.
Zumindest sehe ich in diesem „Kompass" der Intuition eine Wahrheit aufflackern, die mich in der tiefe Berührt, so dass ich mich dessen durchdringender Kraft, nicht verwehren will.

Bei allem was ist, sollten wir eins niemals vergessen, dass jegliche Vorstellungen, Gedankengebilde-Konstrukte, selbst Wertevorstellungen uns nur in unseren Möglichkeiten begrenzen und beherrschen.
Wir bewegen uns in einem kollektiven Umfeld, durchdrungen von einem Morphogenetischen Feld das uns beeinflusst, sowohl physisch als auch feinstofflich.
Als nur ein Seelenanteil unter diesen vielen, unterlauft unsere Schöpferische Kraft natürlich gewissen Begrenzungen.

Alles ist Bewusstsein – es kommt auf das Herz an!
Egal was man tut, wie man lebt, es gibt keinen Gesunden oder rechten Lebensstyl, wenn das Herz nicht dabei ist, geht man in den Kopf und verliert dadurch Energie. Was wir auch tun, solange wir damit in Resonanz sind, kann es uns nichts anhaben.
Doch bleiben diese Wahrheiten immer bestehen:
„Wer andere Verletzt, verletzt sich selbst."
„Erst wer Liebevoll zu sich ist, kann Liebevoll zu anderen sein."

Glaube

Glaube ist alles. Man kann an alles oder nichts glauben. An ein System, Ideal, Vorstellung, Fantasy, Gerechtigkeit, Karma, Strukturen, sich selbst, Hobby, Interessen, Gier, Hass, Überzeugungen, Trägheit, Disziplin, Geister, Wirtschaft, Kapitalismus, Kommunismus, Atheismus, eine Art zu leben und zu sterben usw.
Je nachdem an was die Menschen ihren Glauben, Gedanken, Gefühle, ihren Geist und ihr Herz hängen, je nachdem werden sie leben, weil sie damit in Beziehung gehen durch die entstandene Resonanz ergeben sich Synchronizitäten, währenddessen sie sich abwenden von dem was nicht ihrer Vorstellung entspricht, so baut sich jeder seinen „Raum und sein Gefängnis mit dem woran er glaubt."
Je nach Stand der Selbsterkenntnis und erlangten Weisheit und erkannten zugrundeliegenden Wahrheit in den verschiedensten Erscheinungen des Weltlich, Geistlich, Emotionalen Verstehens, wird das eigene Leben seinen Ausdruck haben.
Ein jeder richtet sich nach seinem Glauben, woran er sein ermessen nach Glück richtet.
Durch jede Form der eigenen ausgesendeten Informationen, ergeben sich Synchronizitäten und Widerstände. Unsere Geisteshaltung durchdringt die Materie, wie auch die Materie Sitz des Geistes ist, so mögen wir manches wandeln, doch auch nicht gänzlich seines Geistes berauben.

Zusammenfassung

Zur Ethik - nennen wir diese Intuition (Instinkt des Menschen), und sehen wir die Wahrnehmung der Welt, Menschen, Tiere, Pflanzen als „Wirklichkeit". Die Intuition kommt klar aus den „tiefen" des Herzens oder des Geistes und ist im Einklang u. Harmonie mit der Schöpfung, und birgt das höchste Potenzial in sich. Ich will Abstand nehmen von Ethik, den das Erinnert an den glauben an ein Konzept - Dogmas und kann als ein „Verstandes-Prinzip" missverstanden werden. Diese Intuition fügt keinen Schaden zu, Erinnert den Menschen daran, ein Geistig Sittliches Wesen zu sein, das sich Freut wenn es Freude bereitet und Leidet, wenn es auf Leid trifft! Diese Intuition ist Richtungsweisend als auftretender Geistesblitz, aber vor allem Liebe!! Wenn der Mensch lebt, entstehen natürlich Begierden, die in ihrer Auslegung gerne als Sünden bezeichnet werden. Alles was die Welt an „Schlimmes" kennt, hat mit der Auslegung dieser Begierden zu tun, aber diese sind vollkommen in Ordnung. Im Umgang damit, fließt aber die Intuition - das Herz - die Liebe (aus der Mitgefühl entspringt, und verstehen bringt), als leitende Kraft mit ein. Das heißt: „Begierden, Begehren usw. ist ‚Super', aber wir sollten verinnerlichen, das alles nachdem wir verlangen und auch erlangen können, gänzlich des ‚tiefen Glükkes' beraubt ist, wenn wir, um es zu Erlangen (Besitzen/Erobern/Beherrschen/Erzwingen), den liebevollen Weg außen vorlasse, um das jeweilige Ziel seiner Begierden zu erreichen!!!"
In der Konsequenz bedeutet dies, ich kann kein Wahrhaftiges (Wahres) Glück erlangen, wenn ich nicht Ehrenhaft (Ehrlich - Klar - Ursprünglich) auf liebevolle Weise, mein Streben nach Glück umsetze. Auf die Welt bezogen - also auf die für die Menschen wahrnehmbare Wirklichkeit - die Wirklichkeit wird („Wirkent-Licht" im Lichte unserer Aufmerksamkeit), wenn der Mensch sie kreativ Gestaltet u. Hervorbringt, in Form (Information-In-Form bringen)

von Vorstellungen von Strukturen, Systemen, Konstrukten usw. die der kollektiv anerkannten Weisheit u. Liebe entsprechen.
Und weil der Großteil der Menschen in ihrer inneren Emotionalen-Geistigen Entwicklung fernab ihrer Intuition (Instinkt des Menschen) sind, erleben wir eine Verzerrung und so ein Leid durchdrungene, geschaffene wirklich gewordene Welt. „Der Mensch" lässt sich Täuschen durch die Niedertracht und lebt dadurch nicht in Wahrhaftigkeit, also in Liebevollem Umgang miteinander. (Ich bin du, und du bist ich)
In der Konsequenz bedeutet all dies: „Was nicht lieb ist, ist eine Verzerrung der wahrhaftigen Wirklichkeit!!!" z.B. Massentierhaltung, Banksystem, Rüstungsindustrie, Kapitalismus (Anspruch erheben auf Land) ... jede Ausprägung wie z.B. Atomenergie, Fischen mit Schleppnetzen, Giftmischerei im Essen (z.B. Aspartam) usw. wo all dies nur aus im Vordergrund stehender Gier betrieben wird, ohne den liebevollen Umgang zu beachten, bringt Leid und kein Glück.
... Wir leben in einem Morphogenetischen Feld und sind Teil des Ganzen - ich kann niemanden Schaden oder etwas wegnehmen, ohne dass ich es mir selbst wegnehme bzw. mir Schade - Karma.
Und wenn der Großteil der Menschen zu diesem Bewusstsein (Bewusstem-Seins) erwacht, wird das Dasein (Da-Sein der Wirklichkeit) gut und lieb sein, weil es dann im Morphogenetischen Feld (Bewusstseinsfeld aller Erdenbewohner), keine Notwendigkeit für einen Neustart gibt. Drum stören sich die Erwachten auch an den „Idioten", weil sie es uns kollektiv versauen. Ist halt alles ein Prozess und die Welt auch Stückweit, ein Spielplatz für inkarnierte Seelen.

Spirituell – „Spirit-Virtuell"
… weil wir in einer Spirituellen Welt leben, in der jede Emotional-Geistige Vorstellung (Konzept, Ausprägung) in die kollektive Wirklichkeit Projektion findet.
Und weil der Großteil der Menschen, intellektuell-Geistig so ver-

kommen und Emotional so durchtrieben ist, haben wir eine zerstörerische Ökonomie.
(… das sind die, die beim Spielen, alles ruinieren)

He, irgendwann ist man tief genug eingetaucht in „Etwas" und sagt mal, es genügt. Sicher schwappt immer mal wieder „Etwas", an den Strand des eigenen Horizontes heran, bleibt liegen und man hebt es auf, aber die Suche nach Gerümpel an dem selber Strand erschöpft sich. Es kommt die Zeit, da hat man genug im Sand herumgewühlt, dann ist es daran, sich neue Ziele zu suchen. Sein Herz beflügeln zu lassen.

Zitate:

„Erst wenn wir nicht mehr weiterwissen, lernen wir uns selbst richtig kennen."
Henry David Thoreau

„Wenn man selbstbewusst in Richtung seiner Träume geht und sich bemüht das Leben zu führen, das man möchte, wird man in alltäglichen Situationen unerwarteten Erfolg haben."
Henry David Thoreau

„Was vor uns liegt und was hinter uns liegt, sind Kleinigkeiten im Vergleich zu dem, was in uns liegt. Wenn wir das, was in uns liegt, nach außen in die Welt tragen, geschehen Wunder."
Henry David Thoreau

Verstand:
Das Gehirn hat die kreative Freiheit, diejenigen Informationen zu wählen, die es verarbeiten will, es sei denn, es wurde auf eine ganz bestimmte Wahl programmiert.
„Ändert man die Informationen, dann ändert sich auch die dekodierte – erlebte – Welt."
(Auszüge aus: Die Wahrnehmungs-Falle von David Icke)

Einstein sagte: „Der intuitive Geist ist ein heiliges Geschenk und der rationale Verstand sein treuer Diener. Wir haben eine Gesellschaft erschaffen, die den Diener ehrt und das Geschenk vergessen hat."

„Manchmal wird er Dinge sagen, ohne zu wissen, woher sie kommen. Es werden unsere Worte sein. Wissen wird ihm eingegeben werden, und manchmal wird er zu Wissen hingeführt werden."

„Angestrengtes Suchen ist nicht nötig. Der Weg ist schon bereitet. Du brauchst nur den Hinweisen zu folgen … Wir führen dich auf deinem Weg. Alles wurde bereits arrangiert, ehe du in diese Inkarnation kamst.

Was mir am Herzen liegt

Hinterfraglos zu glauben und somit unterzuordnen (sich darin Einzuordnen), was im Fernsehen geliefert wird oder sich auf eine Religion spezifisch zu beziehen, ist längst eine Rückständische Tradition geworden. (plausible klingende Halbwahrheiten – verzerrt bis Desinformation – Teile u. Herrsche)
Was immer Sie der Welt antun, tun Sie sich selber an. Was immer Sie von der „Welt“ denken oder darüber hinaus glauben, schließt Sie mit ein indessen gespannten Rahmen. (weil ich muss ja dann, in diesem Rahmen spielen.)
Und was immer ich in die Welt trage, mich daran beteilige-unterstütze, in Beziehung gehe, gewinnt nicht nur an Macht, sondern gewinnt auch mich (Beziehung-Bezug-zieht Energie).
In der Abfolge stärke ich jegliche Erscheinungsform (Informationskonstrukt-Konzept-In-Form-gehen) mit der ich in „Resonanz-Synchronizität-Symbiose“ gehe (meinen Glauben setze), und verankere deren Bestand nicht nur in der Welt, sondern auch in mir.
Ich kann ja an nichts Glauben (Vertrauen), was nicht eine Rolle spielt in mir.
Umwelt, Umfeld, Menschen färben auf mich ab und ich färbe auf die Menschen, Umfeld, Umwelt ab, weil ich ja ein Teil davon bin. (mich gibt’s ja nicht außerhalb davon.)
Jeder muss für sich selbst entscheiden, was und wen will ich in meiner Nähe haben, in Beziehung gehen und darauf meine Energie abfärben und mich einfärben lassen.
(Menschen-Charaktere-Rollen-Gestalten-Seelen, Strukturen-Systemen-Konzepte, Essen-Konsum, Glauben, Interessen usw.)
Und weil ja alles was entstanden ist, irgendwie aus dem Geist Herzen-Bewusstsein von Menschen usw. hervorgegangen ist, ist die eigentliche Frage, auf das Leben bezogen, wem und was will ich Ehre, Respekt, Liebe und mein Zutun erweisen, weil es mir

Freude macht und weil ich das, die oder dem Wohlwollen, Stärke und das Beste will. An wen glaube-vertraue ich – an was glaube-vertraue ich – mit wem oder was, will ich mich verbinden - erleben?

…abschließend, eine kleine Fantasy-Schlacht:

Eine Feder fällt und mit ihr geht ein Engel zu Boden. Die blutige Spur einer Klaue zeichnet sich an seinem Rückgrat, ins samtige Federkleid tief ins Fleisch gerissen ab. Staub und Asche steigt auf, als der Geflügelte auf die dunkle in Blut getränkte Erde aufschlägt und ein gellendes lechzen hallt aus dem Schatten, durch die Hallen der Verderbten.
Doch der Ritter der Rechenschafft erhebt sich wieder, spreizt seine blutenden Schwingen, und als die Asche von ihnen abfällt und Engelsblut von ihnen Tropft, umklammert er sein Schwert und ein leises, helles Flüstern wird hörbar, es ist keine Verzweiflung spürbar.
Des Engelskriegers Aura scheint Kraftvoll und der von den mächtigen Marmorsäulen geworfene Schatten beginnt sich zurückzuziehen. Aus der schwindenden Finsternis, tritt ein gewaltiger, erbost wirkender Dämon hervor, erzürnt von dem Trotz und der Zuversicht des Engels, stürmt er voran.
Sein Ansturm lässt den Boden erzittern, doch der geflügelte Krieger weicht nicht zurück und lässt sein Himmlisches Schwert singen.
Des Dämons Klauen sausen durch die Luft, doch der Himmelskrieger scheint unberührbar. Mehrmals lässt des Engels Schwert das Ungetüm aufheulen, wenn es tiefe aufklaffende Wunden, in sein dunkles Fleisch schlägt. Inmitten im Toben des Kampfes, schlägt der Geflügelte seine Schwingen, erhebt sich über den Dämon hinweg und stößt sein Schwert, tief in die ungeschützte Seite des Ungetüms und zieht es geduckt, quer durch dessen Bauchhölle. Die Bestie ihre eigenen Eingeweide in den Pranken haltend, sinkt auf die Knie und fällt.
Vom Kampfe gezeichnet, im Blut des Dämons getränkt, kehrt der Engelskrieger zu seinem Herrn zurück, dem General der Reißzahne Gaia's.

Kurogane:

„Ein Sturm zieht auf, und pustet die Pflastersteine der veralteten Wege hinfort. Den nichts was in Stein gemeißelt ist, muss der Wahrheit entsprechen. Die Medusa des Systems will alles in ihrem Blick versteinern, doch die feuerspeiende Hydra im Herzen setzt in Flammen, und der Drache im Geiste fährt hernieder und durchbricht, was nicht Wahrhaftig und Rechtschaffen ist. Der Leviathan verschlingt die Korrupten und der Golem stampft den Kapitalismus in den Boden zurück. Die Niedertracht verzehrt im Feuer, steigt der Phönix aus dessen Asche auf und Anmutig wie ein Greif, kehrt die Ehre nach Gaia zurück.“
Ehre dem Clan!
Wir sind die Reißzähne Gaia's!

Erst wenn der Tod im Nacken sitzt,
wird der Krieger geboren.
Seinen Hauch auf der Haut spürend,
wird die Freude unverfroren.
Die Mater von Leid und Verzweiflung,
sich wie ein Schatten über einen legt,
unter dessen Pain mein Herz erbebt.
Das Blut in Wallung kommt,
der Wille stählern wird, mich verbrennt.
Dessen Geist mich ruft, und beim Namen nennt,
die Verderbnis mich heimsucht,
doch die Niedertracht mich nicht verschlingt,
wenn mein Schwert singt.